mori café

JULIA BOUCACHARD

JAPAN VEGAN

RAMEN, GYŌZA, OKONOMIYAKI: JAPANISCHE SPEZIALITÄTEN EINFACH PFLANZLICH

ÜBERSETZT VON MARTINA SCHMID

stiebner

VORWORT

Sie waren noch nie im Mori Café? Dem veganen japanischen Restaurant von Julia Boucachard? Dann haben Sie das großartige Erlebnis, das Lokal im quirligen Pariser Viertel Bastille zu entdecken, noch vor sich. Es wirkt ein bisschen wie aus der Zeit gefallen. Alles im Mori Café ist erfüllt vom Geist seiner Schöpferin und entführt uns ins authentische Japan: von der Inneneinrichtung über die handgefertigten Keramiken bis hin zu den köstlichen Gerichten, die von Familienküche, gehobener Gastronomie und Street Food gleichermaßen inspiriert sind. Am Interieur des Mori Cafés hat Julias Jugendfreundin Sanae Nicolas mitgewirkt, und ihr verdanken wir auch die wundervollen Illustrationen in diesem Kochbuch.

Das Buch, das Sie in Händen halten, ist nicht einfach nur eines von vielen japanischen oder veganen Kochbüchern. Es ist ein echtes Juwel, und zwar in vielfacher Hinsicht. Ein sehr persönliches Buch, in dem uns die Autorin und Köchin an ihren Erinnerungen teilhaben lässt. In heiterer Nostalgie entführt sie uns ins Japan ihrer Kindheit. Unter den Gerichten befinden sich auch solche, die normalerweise nicht in japanischen Kochbüchern vorkommen, beispielsweise für *yōshoku* (die westlich inspirierte Küche), die Julia in Japans Familienrestaurants (den *famiresu*) kennen- und lieben gelernt hat. Das Buch ist auch eine Fundgrube für kreative Alternativen zu Fleisch (Soboro Don, Nikujaga, Hanbāgu, Karaage), zu Eiern (Tamago Sando, Okonomiyaki, Omuraisu) und zu Fisch (Maguro Don, Dashi ohne Bonito).

Die Autorin kredenzt uns leichtes Comfort Food und Familiengerichte aus lokalen Spezialitäten ebenso wie die Klassiker der japanischen Küche in veganer Version – und nicht zuletzt köstliche Desserts. Julia Boucachard lädt uns ein, diese abwechslungsreichen, authentischen und köstlichen Gerichte zu probieren, ihre Zubereitung zu erlernen und sie mit anderen zu teilen.

Erfahren Sie alles über die Basisrezepte der japanischen Küche wie Dashi, Mentsuyu, Ponzu-Sauce, Anko (süße Rote-Bohnen-Paste) und Miso-Suppe. Auch Ramen und Donburi und viele Rezepte mit Gemüse, z. B. Auberginen-Dengaku, Shiraae mit grünen Bohnen oder die berühmten Korokke mit Kabocha-Kürbis warten auf Sie.

Dieses Buch ist perfekt, um die japanische Küche kennenzulernen, aber auch eine Fundgrube für alle, die bereits Liebhaber der japanischen Küche sind und jetzt vegan kochen oder zumindest zeitweise auf tierische Produkte verzichten möchten.

Eines ist sicher: Sie werden nicht nur Lust bekommen, die Rezepte nachzukochen, sondern Sie werden auch nach Paris reisen und das Mori Café besuchen wollen, wo Sie noch mehr von Julia Boucachards vorzüglichen japanischen Gerichten genießen können.

Marie Laforêt
Kochbuchautorin und Foodfotografin

青海苔

LIEBE LESERINNEN UND LESER,

Ich bin nicht in Tokio aufgewachsen, sondern zum größten Teil in der Bretagne. Doch auch dort vermittelte meine Mutter mir sehr viel von der Kultur Japans. Sie stammt aus Ōsaka, der Stadt, die als Hochburg der japanischen Gastronomie gilt, und hat mich mit ihrer Liebe für die köstliche japanische Küche immer inspiriert. Unsere Mahlzeiten zu Hause bestanden in der Regel aus einer Schale Reis, einer Gemüsebeilage, einer Portion Fisch oder Fleisch und einer kleinen Suppe. Wenn ich von der Schule nach Hause kam, war immer mein Highlight des Tages, das leckere Essen meiner Mutter zu genießen.

Wir sind oft nach Tokio gereist. Mit etwa elf Jahren entdeckte ich dadurch neue Aspekte der japanischen Küche: Zum traditionellen und gesunden Essen, das ich von zu Hause kannte, kamen Street Food und *yōshoku*, das sind die aus westlichen Einflüssen entstandenen japanische Gerichte, hinzu.

In Japan wird Essen überall »ausgestellt«. Geht man durch die Straßen, sieht man in den Schaufenstern der Restaurants die sogenannten *sampuru*, aus Plastik geformte Nachbildungen der Speisen, bei deren Anblick einem das Wasser im Munde zusammenläuft, weil sie so realistisch wirken. Schlendert man weiter, kommt man bestimmt an einem *yatai* vorbei, einem kleinen mobilen Essensstand, an dem sich drei oder vier Personen drängen, um Takoyaki (herzhaft gefüllte Teigbällchen) oder Oden (japanischen Eintopf) zu essen.

An der nächsten Ecke entdeckt man ein *konbini*, einen der bekannten 24-Stunden-Shops, in denen alle möglichen Fertiggerichte zu finden sind: Onigiri (gefüllte Reisbällchen), Instant-Ramen (Nudelsuppe im Becher), Bentos (komplette Lunchpakete) und Nikuman (frisch gedämpfte Teigtaschen). Und auch an den U-Bahn-Stationen findet man etliche Lokale, Stände und *jidōhanbaiki*, Verkaufsautomaten mit kalten und warmen Getränken, Eis und manchmal sogar Pommes frites und Onigiri.

In den Einkaufszentren belegen die Restaurants ganze Etagen, vor allem die *famiresu*. Diese besonders familienfreundlichen Lokale bieten vor allem westlich inspiriertes Essen an, das sogenannte *yōshoku*. Dazu gehören z. B. Doria (Reisauflauf mit Béchamelsauce), Hanbāgu (Frikadelle mit Demi-Glace-Tonkatsu-Sauce) oder Wafū-Pasta, wörtlich übersetzt »Nudeln auf japanische Art«.

Ich lernte neue Geschmacksnuancen und Kochmethoden kennen, ohne die Liebe zur traditionellen Küche meiner Mutter zu verlieren. Und ich entdeckte die Vielfalt der veganen Küche Japans. Die Landschaft in Japan ist reich an Bergen und Wäldern, sie bedecken etwa 70 % des Landes. Dazwischen bleibt wenig Platz für große Felder, wie sie etwa für die Viehzucht benötigt werden. Stattdessen gibt es eine enorme Vielfalt an Gemüse, Wurzeln, Knollen und Kräutern, die in Europa nicht zu finden sind. Das Gemüse in Japan ist im Allgemeinen kleiner, die Schale ist weniger hart und das Fruchtfleisch süßer. Darin spiegelt sich die Verbundenheit der Japaner zur Natur.

Einige Gemüsesorten sind nach der Region benannt, in der sie ursprünglich vor fast 1.000 Jahren angebaut wurden: etwa *shōgoin daikon*, der weiße Rettich aus Shōgoin (östlich von Kyōto), oder *kamonasu*, die Aubergine aus Kamo (nördlich von Kyōto). Es ist kein Zufall, dass man in der Region Kyōto einen so großen Pflanzenreichtum vorfindet: Die Stadt liegt weit vom Meer entfernt und es war schwierig, frischen Fisch zu bekommen. Daher nahm Gemüse schon früh eine zentrale Rolle in der Ernährung der Einwohner ein. Hier entstand auch das *shōjin ryōri*, die rein pflanzliche Küche der buddhistischen Mönche. Sie halten sich an die religiösen Vorschriften, die ihnen verbieten, für ihre Ernährung Tiere zu töten.

Auch die Jahreszeiten sind in Japan stärker ausgeprägt als bei uns in Europa und sie ermöglichen es den Pflanzen, sich in ihren verschiedenen Zyklen voll und ganz zu entfalten. Der japanische Kalender zählt 72 Mikro-Jahreszeiten, die jeweils die Veränderungen der Natur im Laufe der Zeit markieren. Ein Übergang von einer Jahreszeit zur nächsten wird mit einem Fest begangen, die traditionellen Feste heißen in Japan *matsuri*. So feiert man zum Beispiel um den 3. Februar *setsubun*, den Übergang zum Frühling. Mit dem *tsukimi matsuri* wiederum feiert Japan den Herbstmond. Die Jahreszeiten sind nicht nur im Leben der Japaner sehr wichtig, sondern auch für ihre Ernährung. In Japan achtet man sehr darauf, saisonal zu essen, um die Vitamine, aber auch die geschmackliche Qualität von Obst und Gemüse optimal auszuschöpfen.

Diese Werte wurden mir von meiner Mutter vermittelt. Unser Essen war immer reich an Gemüse. In der Schule konnte ich übrigens nie verstehen, warum andere Kinder in meinem Alter so eine Abneigung gegen Spinat oder Pilze hatten, sie bevorzugten oft einen Teller Pommes frites mit einer dicken Scheibe Schinken. Ich selbst machte mir nichts aus Fleisch, weil ich den Geschmack und die Konsistenz nicht besonders mochte. Was ich allerdings liebte, war die Sauce drumherum. Für mich war es daher ganz natürlich und kein großer Verzicht, vor mehr als fünf Jahren Vegetarierin zu werden – nachdem mir zudem die düstere Realität in den Schlachthöfen bewusst geworden war. Schließlich stellte ich meine Ernährung komplett auf vegan um. Das bedeutete aber auch, dass es immer schwieriger wurde, Restaurants für mich zu finden, besonders japanische, denn hier enthalten fast alle Gerichte Fleisch oder Fisch.

Also begann ich, die Rezepte meiner Mutter vegan zu interpretieren: *Kombu dashi*, eine Brühe aus Kombu-Algen, anstelle von *katsuobushi* (getrocknetem Bonito), Tofu statt Hackfleisch, Kräuterseitlinge statt Meeresfrüchte – ein Kinderspiel! Es war nicht sehr kompliziert, eine Küche, in der sowieso schon viel mit Gemüse gekocht wird, vegan abzuwandeln. Am schwierigsten war es, die Rohprodukte, insbesondere Eier, zu ersetzen und bestimmte Texturen nachzuahmen, z. B. *fuwafuwa*, die ultra-luftige Fluffigkeit japanischer Kuchen und Brote. Nach über einem Jahr des Testens und Vorbereitens eröffnete ich 2020 mein Restaurant, das Mori Café, im 11. Pariser Arrondissement, mit dem Wunsch, die japanische Küche in ihrer Authentizität und Vielfalt zu präsentieren und gleichzeitig Skeptikern zu zeigen, dass veganes Essen köstlich schmecken kann. Auf unserer Speisekarte stehen Gerichte, die saisonal variieren, etwa Curry mit dem japanischen Kabocha-Kürbis, Eintopf mit Wintergemüse oder im Sommer kalte Nudeln.

All diese Erfahrungen haben mich dazu geführt, dieses Kochbuch zu schreiben. Nachdem ich in den letzten Jahren die japanische vegane Küche in allen Facetten erforscht habe, war es mir ein Anliegen, diese Geheimnisse zu teilen, damit möglichst viele Menschen erkennen, dass es heute möglich ist, gut zu essen und dabei einen respektvollen und wohlwollenden Umgang mit der Natur und den Tieren zu pflegen.

Die Rezepte sind nach Kategorien (Hauptgerichte, Beilagen, Street Food und Desserts) und Jahreszeiten geordnet, damit Sie sich gut zurechtfinden und nach den Kreisläufen der Natur kochen können.

Julia Boucachard

mori café

2, Rue des Taillandiers, 75011 Paris

Website
moricafeparis.com

Instagram
@moricafeparis

INHALT

DIE WICHTIGSTEN ZUTATEN

Soja und Reis sind die zwei Grundnahrungsmittel der japanischen Küche. Aus Reis werden Sake, Mirin und *su* (Reisessig) hergestellt. Aus Sojabohnen gewinnt man *shōyu* (Sojasauce), Miso und Tofu. Diese sechs Zutaten sind unverzichtbar für die Zubereitung japanischer Gerichte. Im Kühlschrank sind diese Produkte zudem sehr lange haltbar.

Reis

Reis ist für Japaner wie das Baguette für Franzosen. Fast all unsere Mahlzeiten werden mit Reis kombiniert. Achten Sie darauf, dass Sie einen japanischen Reis verwenden: Das Korn ist rund, kurz, durchscheinend und wird nach dem Kochen leicht klebrig. Hochwertiger japanischer Reis schmeckt auch pur ganz köstlich. Auch wenn Sie normalerweise eine Sauce über Ihren Reis geben, probieren Sie einmal seinen unverfälschten Geschmack ohne alles! In Japan gibt es viele verschiedene Reissorten, diese Vielfalt ist außerhalb Japans schwierig zu finden. Ich empfehle die Sorte Koshihikari, die auch in Europa erhältlich ist. Die Marke Yumenishiki® bietet ein recht gutes Preis-Leistungs-Verhältnis.

Reis kochen

In Japan wird Reis meist in einem Reiskocher zubereitet, aber man kann ihn auch sehr gut in einem Topf kochen. Um ein gutes Ergebnis zu erhalten, muss jeder Zubereitungsschritt eingehalten werden.

Reis für 4–5 Personen zubereiten:

1. Zunächst den Reis waschen: 400 g Reis in eine Schüssel geben und so viel Wasser aufgießen, bis der Reis vollständig bedeckt ist. Die Reiskörner vorsichtig zwischen den Händen reiben, dann das Wasser abschütten. Diesen Schritt zwei- bis dreimal wiederholen, bis das Wasser klar bleibt. Den Reis abgießen und 15 Minuten zum Trocknen stehen lassen.
2. Den Reis in einen mittelgroßen Topf geben und 500 ml Wasser (am besten Mineral- oder gefiltertes Wasser) hinzufügen. Zugedeckt zum Kochen bringen.
3. Wenn das Wasser kocht, die Hitze reduzieren und den Reis 12–15 Minuten auf kleiner Stufe köcheln lassen.
4. Ist der Reis fertig, vorsichtig mit einem zuvor angefeuchteten Reislöffel *(shamoji)* portionieren.

Mirin

Mirin ist eine Art Reiswein und nicht mit Sake zu verwechseln. Er enthält weniger Alkohol, hat eine dickflüssigere Konsistenz und schmeckt süßer. Es gibt verschiedene Sorten, die gängigste und qualitativ hochwertigste ist Hon Mirin.

Sie können Mirin auch selbst herstellen: Mischen Sie 55 g Zucker mit 100 g Sake in einem Topf und erwärmen Sie ihn bei schwacher Hitze, bis der Zucker sich aufgelöst hat. In einem luftdichten Gefäß kühl aufbewahren.

Sake

Sake ist ein alkoholisches Getränk, das durch die Fermentation von Reis mit *kōji* (einer Pilzkultur) gewonnen wird. Zum Kochen eignet sich auch ein preiswerter Sake sehr gut.

Su

Su ist Reisessig. Er ist sehr gesund und wird vor allem für die Zubereitung von Sushi-Reis oder Onigiri verwendet.

Shōyu

Mittlerweile gibt es viele Hersteller von Sojasaucen *(shōyu)* auf dem Markt, aber ich empfehle, eine japanische Sojasauce zu verwenden, um einen authentischeren Geschmack zu erreichen.

Die beiden meistverbreiteten Sorten sind *koikuchi shōyu* und *usukuchi shōyu*. Letztere ist leichter und eignet sich besonders für die Zubereitung von Saucen. Niemals sollten Sie *shōyu* durch *tamari*, eine andere Art von Sojasauce, ersetzen, denn *tamari* schmeckt viel intensiver!

Miso

Misopaste ist das Gold der japanischen Küche. Sie ist ein Umami-Konzentrat, das Ihren Gerichten einen unnachahmlichen Geschmack verleiht.

Sie wird durch Fermentation mit *kōji* (einer Pilzkultur) gewonnen. Es gibt viele verschiedene Arten von Miso, die beiden wichtigsten sind rotes Miso *(aka miso)* und weißes Miso *(shiro miso)*, im Handel auch als helles Miso erhältlich. Das rote Miso ist kräftiger, ich empfehle es für Hauptgerichte und Miso-Suppe. Weißes Miso ist milder und passt gut zu Gemüse oder leichten Gerichten.

Bitte beachten Sie: Unter den Miso-Sorten, die in asiatischen Lebensmittelgeschäften verkauft werden, gibt es einige, die Fisch-Dashi enthalten. Lesen Sie sorgfältig die Liste der Zutaten und vermeiden Sie solche mit der Aufschrift »だし入り« (»enthält Dashi«).

Tōfu

Meiner Meinung nach wird Tofu nicht ausreichend gewürdigt. Die wenigsten Europäer kommen auf die Idee, ihn einfach so zu essen, etwa mit etwas *shōyu* oder Wasabi – aber in Japan ist das üblich. Genau wie weißer Reis schmeckt auch hochwertiger Tofu pur ganz hervorragend.

Es gibt ihn in zwei unterschiedlichen Texturen: weich (Seidentofu) oder fest. In der veganen Küche wird Seidentofu häufig in süßen Rezepten verwendet, während fester Tofu eine gute Alternative zu Fleisch in herzhaften Gerichten ist.

Vegetarisches Dashi

Die Dashi-Brühe in der japanischen Küche wird meist mit *katsuobushi* (getrocknetem Bonito) zubereitet. Sie ist in sehr vielen Saucen und Gerichten enthalten, da sie viel Umami bringt.

In der vegetarischen und veganen Küche ersetzt man den Fisch durch Kombu-Algen und Shiitake-Pilze. Beide Zutaten haben die gleiche Umami-Konzentration und können als Basis für Dashi verwendet werden.

In Super- und Asiamärkten gibt es auch die vegetarischen Varianten, sowohl flüssig als auch in Pulverform.

Kombu-Dashi ist eine leichte, aromatische Brühe, die dem traditionellen Fisch-Dashi geschmacklich sehr ähnlich ist. Sie können Ihr Kombu-Dashi selbst herstellen (Rezept S. 14) oder fertiges Dashi kaufen.

Fertiges Dashipulver ist vor allem dann praktisch, wenn man eine Brühe nicht aus Wasser, sondern aus pflanzlicher Milch herstellen möchte, wie etwa im Rezept für Tantanmen-Ramen (S. 42).

Shiitake-Pilze

Diese großen, dunklen, aromatischen Pilze, auch Pasaniapilze genannt, kann man frisch oder getrocknet kaufen und sie sind in der japanischen Küche weit verbreitet. Sie verleihen den Gerichten Textur und gleichzeitig Umami.

Shimeji-Pilze

Diese kleinen weißen Pilze, die leicht an ihrer länglichen Form zu erkennen sind, werden in zusammenhängenden Bündeln verkauft und haben einen leicht nussigen Geschmack. Stiel und Hut sind essbar, sie werden aber nicht roh verzehrt.

Enoki-Pilze

Enokis wachsen in kleinen Sträußen und sind wegen ihrer weißen Farbe sehr empfindlich. Sie sind nicht nur nahrhaft, sondern auch geschmacklich ein Erlebnis. Sie haben eine kurze Garzeit und passen zu vielen Gerichten, darunter auch Ramen.

Sesamöl

Das besonders aromatische Sesamöl wird in der japanischen und asiatischen Küche häufig verwendet. Es ist nicht besonders hitzebeständig, daher empfehle ich, es erst ganz zum Schluss in die Gerichte zu geben oder es für kalte Speisen zu verwenden.

Pikantes Rayu-Öl

Rayu ist Sesamöl, das mit Gewürzen und Chili verfeinert wird. Es ist in der japanischen Küche sehr beliebt und verleiht den Gerichten Schärfe. Oft steht es auch in Restaurants auf dem Tisch.

Knoblauch und Ingwer

Knoblauch und Ingwer werden in der japanischen (und generell in der asiatischen) Küche häufig verwendet und sind unverzichtbare Gewürze, die man immer auf Vorrat haben sollte. Sie harmonieren sehr gut mit den Aromen von *shōyu* und Miso und peppen die Gerichte auf.

Je nach Schnitttechnik entfaltet sich ihr Aroma anders: gerieben, in Stifte geschnitten oder fein gehackt. Daher werden sie in den Rezepten in unterschiedlichen Formen verwendet.

Kartoffelstärke

Kartoffelstärke wird verwendet, um Saucen oder andere Flüssigkeiten anzudicken. Gebräuchlich ist sie auch zum Panieren oder Frittieren.

Kala Namak

Kala Namak, auch Schwarzes Salz genannt, wird aus dem rosafarbenen Steinsalz des Himalajas hergestellt. Man versetzt es mit Harad-Samen, die reich an Schwefel sind und ihm einen sehr charakteristischen Geschmack von Eiern verleihen. Es ist sehr geschmacksintensiv und sollte nur sparsam verwendet werden.

Tonkatsu-Sauce

Tonkatsu-Sauce ist eine braune, dickflüssige Sauce, die traditionell zu panierten Gerichten gereicht wird. Sie ist süß, säuerlich und würzig zugleich und ähnelt einer englischen Brown Sauce oder einer Barbecue-Sauce. Man kann sie selbst herstellen oder auf die im Handel erhältlichen veganen Versionen zurückgreifen, beispielsweise von der Marke Otafuku®.

Frittierter Tofu (Aburaage)

Nicht zu verwechseln mit Räuchertofu! Aburaage ist Tofu, der in dünne Scheiben geschnitten und dann in zwei Durchgängen frittiert wird. Man kann Aburaage gebrauchsfertig in Asia-Läden im Kühlregal kaufen. Wir verwenden ihn in vielen Rezepten, z.B. in Nabe (S.40), Oinari-san (S.50) oder Kitsune udon (S.74).

Daikon

Daikon, Winterrettich, ist ein in der japanischen Küche häufig anzutreffendes Wurzelgemüse. Er ist saftig, leicht pikant und wird roh, gekocht und eingelegt verwendet. Man findet ihn in den meisten Asia-Läden mit Frische-Angebot. Besonders knackig ist er, wenn er außen noch fest ist.

Kabocha-Kürbis

Kabocha ist eine japanische Kürbissorte. Diese Kürbisse sind rund und haben eine grüne, körnige Schale und blassgelbes Fruchtfleisch. Man kann ihn auch durch einen Hokkaido-Kürbis ersetzen.

Shichimi tōgarashi

Die scharfe Gewürzmischung dient zur Abrundung der Gerichte und steht in japanischen Restaurants oft auf dem Tisch.

Sie besteht aus rotem Chilipfeffer, Zitrusschale, Sesamsamen und je nach Rezeptur auch aus Algen. Sie verleiht den Gerichten Umami und ist ein guter Begleiter sowohl zu Ramen als auch zu gegrilltem Tofu oder Gemüse.

Nori-, Wakame- und Kombu-Algen

Die Nori-Alge ist sehr reich an Proteinen. Sie wird in Form von Blättern verkauft, die man für Maki, Onigiri oder als Garnitur für Ramen zuschneidet. Es gibt sie auch in Pulverform, um Gerichte zu verfeinern.

Die Wakame-Alge verwendet man in Salaten oder Suppen. Sie wird frisch oder getrocknet verkauft.

Kombu ist ein Sammelbegriff für verschiedene Arten von essbaren Algen. Kombu wird in der Regel getrocknet und in Streifen geschnitten verkauft und ist insbesondere Bestandteil von Dashi.

* **Weitere Informationen zu den im Buch verwendeten Zutaten finden Sie im Glossar auf S.159.**

SAUCEN

KOMBU-DASHI

SAISON GANZJÄHRIG
ZUBEREITUNG 5 MINUTEN
KOCHZEIT 10 MINUTEN
REZEPT FÜR CA. 800 ML

IN JAPAN WIRD VOR ALLEM *KATSUOBUSHI* (GETROCKNETE BONITO-FLOCKEN) FÜR DIE ZUBEREITUNG DER DASHI-BRÜHE VERWENDET. KOMBU-ALGEN SIND DARIN AUCH ENTHALTEN, ALLERDINGS SELTENER UND OFT MIT KATSUOBUSHI GEMISCHT. DIE ZUBEREITUNG VON KOMBU-DASHI IST GANZ EINFACH, MAN MUSS NUR AUFPASSEN, DASS DIE BRÜHE NICHT BITTER WIRD. DAS PASSIERT, WENN SIE ZU LANGE AUFGEKOCHT WIRD. ICH EMPFEHLE, DAS ALGENBLATT ZU ENTFERNEN, SOBALD ES BEGINNT, SCHLEIMIG ZU WERDEN.

1 Blatt Kombu-Alge, ca. 13 x 13 cm

1. Das Algenblatt in drei bis vier Teile brechen und mit 1 l Wasser in einen großen Topf geben. Erhitzen und die Algen herausnehmen, kurz bevor das Wasser zu kochen beginnt. Die Brühe auf kleiner Flamme 10 Minuten lang köcheln.

2. Den sich bildenden Schaum mit einem Schaumlöffel abschöpfen.

3. Abkühlen lassen und in einen luftdichten Behälter gießen.

* Kombu-Dashi kann bis zu zwei Wochen im Kühlschrank aufbewahrt werden.

SHIITAKE-DASHI

SAISON GANZJÄHRIG
ZUBEREITUNG 15 MINUTEN
KOCHZEIT 10 MINUTEN
REZEPT FÜR CA. 750 ML

EINE WEITERE ALTERNATIVE ZUM DASHI AUS *KATSUOBUSHI* IST SHIITAKE-DASHI. DIESER PILZ HAT EINE HOHE KONZENTRATION AN UMAMI UND VERLEIHT DEN GERICHTEN EINE BESONDERE TIEFE. MAN FINDET IHN IN SUPERMÄRKTEN ODER IN BIOLÄDEN UND KANN IHN SOWOHL GETROCKNET ALS AUCH FRISCH KAUFEN.

6 große getrocknete Shiitake-Pilze

1. Die Pilze gründlich abspülen, dann mit 1 l Wasser in einen Topf geben und zum Kochen bringen. Schaum, der sich auf der Oberfläche bildet, mit einer Schaumkelle abschöpfen.

2. Sobald das Wasser kocht, die Hitze reduzieren und bei mittlerer Temperatur zugedeckt etwa 10 Minuten köcheln lassen.

3. Die Pilze herausnehmen und die Brühe durch ein sehr feines Sieb gießen. Abkühlen lassen und in einen verschließbaren Behälter füllen.

* Shiitake-Dashi kann bis zu zwei Wochen lang im Kühlschrank aufbewahrt werden.

MITARASHI-SAUCE

SAISON **GANZJÄHRIG**
ZUBEREITUNG **5 MINUTEN**
KOCHZEIT **5 MINUTEN**
REZEPT FÜR **2 MOCHI-SPIESSE**

DIESE SAUCE DARF ÜBER DANGO UND MOCHI NICHT FEHLEN. AUF DER BASIS VON SOJA HERGESTELLT, VERBINDET SICH IHRE TEXTUR PERFEKT MIT DEN ZARTEN REISBÄLLCHEN. DIE SPIESSE WERDEN MEIST GERÖSTET, DAS ERGÄNZT DIE SÜSS-SAURE SAUCE MIT EINEM HERRLICHEN RAUCHGESCHMACK. WENN SIE KEINEN BINCHOTAN-GRILL (GRILL MIT JAPANISCHER STEINEICHENKOHLE) HABEN, GENÜGT AUCH EIN FLAMBIERBRENNER!

1 EL Sojasauce
3 EL Zucker
2 TL Kartoffelstärke

1. Alle Zutaten plus 4 EL kaltes Wasser in einen Topf geben und umrühren, bis sich die Kartoffelstärke vollständig aufgelöst hat. Auf mittlerer Stufe erhitzen. Weiterrühren, bis die Sauce eindickt, und sofort vom Herd nehmen. Auch jetzt noch weiterrühren (Vorsicht, die Sauce wird schnell dick!).

2. Die Sauce über die gerösteten Dango gießen. Die Textur sollte dickflüssig, aber noch leicht zu gießen sein.

* Ich empfehle, die Sauce gleich zu servieren, da sie beim Abkühlen fest wird und sich deshalb bei Zimmertemperatur nicht lange hält.

PONZU

SAISON **GANZJÄHRIG**
ZUBEREITUNG **5 MINUTEN**
KOCHZEIT **5 MINUTEN**
REZEPT FÜR **CA. 340 ML**

PONZU IST EINE WÜRZSAUCE, DIE AUS SOJASAUCE UND ZITRUSFRÜCHTEN HERGESTELLT WIRD. ALS ZITRUSFRÜCHTE KANN MAN *SUDACHI*, DIE JAPANISCHE LIMETTE, YUZU, DIE GELBE ZITRONE MIT GRAPEFRUIT-NOTE, ODER *KABOSU*, EINE KLEINE, SEHR SÄUERLICHE ZITRONE, VERWENDEN. ICH PERSÖNLICH BEVORZUGE YUZU, DIE PONZU DEN SO CHARAKTERISTISCHEN GESCHMACK VERLEIHT, ABER SIE KÖNNEN JEDE BELIEBIGE ZITRUSFRUCHT NEHMEN.

100 ml Reisessig
120 ml Mirin
125 ml helle Sojasauce (alternativ 100 ml Sojasauce mit 25 ml Wasser verdünnt)
1 TL Yuzu-Saft
1 EL Kombu-Dashi-Pulver

1. Reisessig und Mirin in einen Topf geben und zum Kochen bringen.
2. Sobald die Mischung beginnt zu kochen, vom Herd nehmen und die restlichen Zutaten hinzufügen. Alles umrühren und abkühlen lassen.
3. In einen luftdichten Behälter füllen und im Kühlschrank aufbewahren.

* Ponzu hält gekühlt mehrere Monate lang.

DEMI-GLACE-SAUCE

SAISON **GANZJÄHRIG**
ZUBEREITUNG **5 MINUTEN**
KOCHZEIT **1 STUNDE**
REZEPT FÜR **500 ML**

SEIT ICH DIESE SAUCE IN EINEM *FAMIRESU* ENTDECKT HABE, GEHÖRT SIE ZU MEINEN FAVORITEN. URSPRÜNGLICH IST DIE DEMI-GLACE-SAUCE EIN REDUZIERTER RINDERFOND, IN DEN TOMATENSAUCE UND KRÄUTER GEGEBEN WERDEN. IN JAPAN WIRD SIE ZU VIELEN *YŌSHOKU*, DEN WESTLICH INSPIRIERTEN JAPANISCHEN GERICHTEN, GEREICHT, ETWA ZU *OMURAISU* UND *HAYASHI*.

DA DAS ORIGINALREZEPT ZIEMLICH ZEITAUFWENDIG UND MÜHSAM ZUZUBEREITEN IST, VERWENDET MEINE MUTTER ALS GRUNDLAGE TONKATSU-SAUCE UND GIBT EINE MISCHUNG AUS GEMÜSE, OBST UND KRÄUTERN DAZU. WENN SIE DANN NOCH ROTWEIN UND ETWAS SOJASAUCE VERWENDEN, WIRD DIE DEMI-GLACE-SAUCE PERFEKT!

150 ml Rotwein
150 ml Tomatensauce (Passata)
150 ml Tonkatsu-Sauce
70 g Zucker
75 ml helle Sojasauce
2 Lorbeerblätter

1. Den Wein in einen Topf gießen und zum Kochen bringen, damit der Alkohol verdampft.
2. Die restlichen Zutaten hinzufügen und gut vermischen. Unter gelegentlichem Rühren alles etwa eine Stunde lang bei mittlerer Hitze einkochen, bis eine cremige Textur entsteht.
3. Lauwarm servieren.

MISO-GLASUR

SAISON **GANZJÄHRIG**
ZUBEREITUNG **5 MINUTEN**
KOCHZEIT **5 MINUTEN**
REZEPT FÜR **400 ML**

UM GERICHTEN EINE SÜSSLICHE NOTE ZU VERLEIHEN, GIBT ES NICHTS BESSERES ALS DAS BESTREICHEN MIT MISO-GLASUR. EINE WAHRE UMAMI-EXPLOSION, DENN MISO IST REICH AN GLUTAMAT, EINER NATÜRLICH VORKOMMENDEN AMINOSÄURE, DIE DEN BERÜHMTEN UMAMI-GESCHMACK ERZEUGT.

DIESE SAUCE WIRD FÜR *DENGAKU*-GERICHTE VERWENDET, MEIST SIND DAS TOFU ODER GEGRILLTE AUBERGINEN, DIE MIT MISO-GLASUR BESTRICHEN WERDEN.

100 ml Sake
100 ml Mirin
70 g Zucker
200 g weißes Miso

1. Sake, Mirin und Zucker in einen Topf geben und 2–3 Minuten aufkochen, damit der Alkohol verdampft.
2. Vom Herd nehmen und das Miso hinzufügen. Mit einem Schneebesen gut verrühren, bis die Sauce homogen ist und keine Flocken mehr übrig sind.
3. Abkühlen lassen und in eine Schüssel gießen.

* Für eine dickflüssigere Konsistenz Sake und Mirin länger köcheln lassen, etwa 7 Minuten.

* Die Sauce hält im Kühlschrank 2–3 Wochen.

DRESSING FÜR HIYASHI CHŪKA

SAISON **SOMMER**
ZUBEREITUNG **5 MINUTEN**
REZEPT FÜR **CA. 5 PORTIONEN**

SEIT MEINER KINDHEIT IST DER JAPANISCHE SOMMER FÜR MICH MIT SALATEN UND KALTEN NUDELN VERBUNDEN. ES GIBT VIELE VERSCHIEDENE KALTE NUDELGERICHTE: *ZARU UDON* (DICKE WEIZENNUDELN), *SOMEN* (SEHR DÜNNE NUDELN), *ZARU SOBA* (BUCHWEIZENNUDELN) ODER *HIYASHI CHŪKA*, EINE KALTE VERSION VON *YAKISOBA* (GEBRATENEN BUCHWEIZENNUDELN).

IM GEGENSATZ ZU ANDEREN NUDELN WERDEN SIE NICHT MIT EINER SAUCE *(MENTSUYU)* ZUBEREITET, SONDERN ES WIRD EIN SPEZIELLES DRESSING AUS SOJASAUCE UND SESAMÖL DARÜBER GEGOSSEN. ES IST GLEICHZEITIG SÄUERLICH UND SÜSS UND DURCH DEN SESAM SEHR AROMATISCH. EIN FRISCHES GERICHT FÜR DEN SOMMER!

175 ml Sojasauce
75 g Zucker
150 ml Reisessig
175 ml Sesamöl

1. Alle Zutaten plus 175 ml Wasser in eine Schüssel geben und mit einem Schneebesen verrühren, bis das Öl gleichmäßig emulgiert ist.

* Die Sauce ist in einem luftdichten Glas 2–3 Wochen im Kühlschrank haltbar.

TERIYAKI-SAUCE

SAISON **GANZJÄHRIG**
ZUBEREITUNG **5 MINUTEN**
KOCHZEIT **20 MINUTEN**
REZEPT FÜR **400 ML**

TERIYAKI-SAUCE IST EINE DER WICHTIGSTEN SAUCEN DER JAPANISCHEN KÜCHE. SIE WIRD AUS SOJASAUCE UND ZUCKER HERGESTELLT UND PASST ZU ALLEN FLEISCHSORTEN, LACHS ODER TOFU. ALS ICH KLEIN WAR, BEREITETE MEINE MUTTER OFT EINE GROSSE SCHÜSSEL HACKFLEISCH MIT INGWER UND TERIYAKI-SAUCE ZU. IMMER WENN ICH AUCH NUR DEN KLEINSTEN HUNGER VERSPÜRTE, HOLTE ICH MIR EINE PORTION - ZUSAMMEN MIT WARMEM REIS EIN VOLLKOMMENER GENUSS, EINE SÜSS-SAURE KÖSTLICHKEIT ... HEUTE NATÜRLICH MIT EINER VEGANEN ALTERNATIVE STATT HACKFLEISCH!

75 g Zucker
150 ml Mirin
50 ml Sake
150 ml helle Sojasauce *(usukuchi shōyu)*

1. Zucker, Mirin und Sake in einen Topf geben, aufkochen und bei mittlerer Hitze 10 Minuten köcheln, damit der Alkohol verdampft und die Flüssigkeit ein wenig eindickt.
2. Hitze nochmals reduzieren und die Sojasauce hinzufügen. Weitere 10 Minuten köcheln.
3. Vom Herd nehmen und abkühlen lassen.

* Die Sauce kann in einem luftdichten Glas im Kühlschrank 1 Monat lang aufbewahrt werden.

MENTSUYU-SAUCE

BEIM REZEPT FÜR DAS *HIYASHI-CHŪKA*-DRESSING (S. 24) GING ES UM KALTE NUDELN, DIE IN EINE SAUCE GETAUCHT WERDEN. DIESE SAUCE NENNT MAN *MENTSUYU* UND ES IST EINE KONZENTRIERTE MISCHUNG AUS SOJASAUCE UND DASHI.

SAISON **SOMMER**
ZUBEREITUNG **10 MINUTEN**
KOCHZEIT **5 MINUTEN**
REZEPT FÜR **300 ML**

1 großer Shiitake-Pilz
125 ml Sojasauce
150 ml Mirin
65 ml Sake
5 g Kombu-Alge

1. Den Shiitake-Pilz mit kaltem Wasser abspülen und abtrocknen.

2. Alle Zutaten in einem Topf vermischen. Bei mittlerer Hitze langsam zum Kochen bringen, dann die Hitze reduzieren und 5 Minuten köcheln lassen.

3. Anschließend vom Herd nehmen und durch ein feines Sieb in ein luftdicht verschließbares Glas gießen. Wenn noch kleine Pilzfasern übrig sind, noch einmal passieren.

4. Die Mentsuyu-Basis ist fertig! Für die Verwendung wird sie dann nach Belieben mit Wasser verdünnt. Es empfiehlt sich ein Mischungsverhältnis von 1:1 oder 1:1½.

* Ich persönlich mag die Mentsuyu-Sauce lieber konzentrierter und verdünne sie mit der gleichen Menge Eiswürfel, also 50 g Eiswürfel in 50 ml Mentsuyu-Sauce, die dann nach und nach schmelzen.

* Für eine heiße Udon-Suppe 50 ml Mentsuyu mit 150 ml kochendem Wasser verdünnen.

UDON-NUDELN

SAISON **GANZJÄHRIG**
ZUBEREITUNG **1 STUNDE**
KÜHLZEIT **6 STUNDEN**
KOCHZEIT **10–15 MINUTEN**
REZEPT FÜR **3–4 PORTIONEN**

OB WARM ODER KALT, UDON-NUDELN SIND IMMER EIN GENUSS FÜR GROSS UND KLEIN. DAS IM WEIZEN UND EINIGEN ANDEREN GETREIDESORTEN ENTHALTENE GLUTEN SORGT DAFÜR, DASS DIE NUDELN PERFEKT WERDEN, DENN ES VERLEIHT IHNEN IHRE BESONDERE TEXTUR: EINE WEICHE OBERFLÄCHE UND EINEN BISSFESTEN KERN. TRADITIONELL WIRD DER TEIG MIT DEN FÜSSEN BEARBEITET, NATÜRLICH MIT EINEM SAUBEREN TUCH DAZWISCHEN.

DER SCHLÜSSEL FÜR GELUNGENE UDON-NUDELN IST GEDULD!

500 g Weizenmehl (Type 405)
30 g Salz
50 g Kartoffelstärke *(katakuriko)*

1. Das Mehl in eine große Schüssel sieben. Salz und 210 ml Wasser in eine Tasse geben und verrühren, bis sich das Salz aufgelöst hat.

2. Etwa ein Viertel des Salzwassers in die Schüssel zum Mehl gießen und gleichmäßig verteilen. Alles mit den Händen gut vermengen, bis die Mischung eine körnige Konsistenz wie Streusel hat. Ein weiteres Viertel des Wassers hinzufügen und vermengen. Den Vorgang so lange wiederholen, bis das Wasser fast aufgebraucht ist. (Das restliche Wasser dient dazu, den Teig zu befeuchten, falls er im nächsten Schritt – nach dem Kneten – noch zu trocken ist.)

3. Den Teig zusammenkneten: Die Teigbrocken zusammenfügen und mit den Handflächen direkt in der Schüssel zu einer Kugel formen. Bleiben noch ein paar Krümel übrig, kein zusätzliches Wasser hinzugeben, da der Teig sonst zu klebrig werden könnte.

4. Die Teigkugel in einen großen Frischhaltebeutel geben, und 20–30 Minuten ruhen lassen.

5. Ein Geschirrtuch auf dem Boden ausbreiten. Die Teigkugel im Gefrierbeutel darauflegen und mit einem zweiten Geschirrtuch abdecken.

6. Den Teig mit den Füßen ausgiebig kneten. Dabei viele kleine Schritte machen, bis der Teig flach ist. Anschließend dreimal falten und erneut kneten. Den Vorgang fünf- bis sechsmal wiederholen und dann den Teig ein letztes Mal falten.

7. Für 3 Stunden im Kühlschrank ruhen lassen.

8. Aus dem Kühlschrank nehmen, mit den Handflächen immer wieder nach innen einschlagen, zu einer Kugel formen und wieder flach drücken.

9. Mit Folie abdecken und erneut 3 Stunden im Kühlschrank ruhen lassen.

10. Die Arbeitsfläche mit Stärke leicht bestäuben und den Teig mit einem Nudelholz ausrollen. Ein Quadrat mit einer Dicke von etwa 3–5 mm formen.

11. Auf beide Seiten des Teiges etwas Speisestärke geben und ihn fächerartig in drei Schichten falten. Noch einmal mit Speisestärke bestäuben und mit einem Messer in ca. 3–5 mm breite Streifen schneiden – das ergibt runde Nudeln. Für flache Nudeln den Teig 2–3 mm dick ausrollen und in 1,5–2 cm breite Streifen schneiden.

12. Die Nudeln in mehreren Häufchen ablegen. Wasser in einem Topf zum Kochen bringen und die Udon vorsichtig hineingeben. Die Hitze reduzieren und die Nudeln je nach Dicke 10–15 Minuten kochen. Sie sind fertig, wenn sie leicht durchscheinend sind. Zur Garprobe eine Nudel herausnehmen, mit kaltem Wasser abspülen und probieren. Schmeckt sie nicht mehr nach Salz und ist sie noch bissfest, sind die Nudeln gar. Abgießen und zwei- bis dreimal mit kaltem Wasser abschrecken.

* Udon-Nudeln schmecken sowohl kalt als auch warm köstlich. Mit heißer Brühe aufgießen, um ein warmes Gericht zu erhalten, oder einfach nach dem Abschrecken kalt genießen.

JAPANISCHE MAYONNAISE

SAISON **GANZJÄHRIG**
ZUBEREITUNG **5 MINUTEN**
REZEPT FÜR **CA. 350 G**

KEWPIE® IST DIE BELIEBTESTE MAYONNAISE-MARKE IN JAPAN. MILD UND LEICHT SÜSSLICH, HARMONIERT SIE GUT MIT WARMEN GERICHTEN WIE *OKONOMIYAKI*, *KARAAGE* ODER *YAKISOBA*. SIE VERLEIHT DEN GERICHTEN EINE GANZ BESONDERE NOTE UND UMAMI, DA SIE GLUTAMAT ENTHÄLT, EINE IN DER JAPANISCHEN LEBENSMITTELINDUSTRIE WEIT VERBREITETE ZUTAT. ABER MAN BRAUCHT KEINE KÜNSTLICHEN ZUSÄTZE, UM UMAMI ZU ERZEUGEN! ICH ZEIGE IHNEN IN DIESEM REZEPT, WIE DAS GEHT.

200 g Seidentofu
1½ EL Zitronensaft
1½ TL Kombu-Dashi-Pulver
1 EL Zucker
½ EL Reisessig
160 ml neutrales Pflanzenöl
1 Prise schwarzes Salz (Kala Namak)

1. Tofu und Zitronensaft in einen Mixer geben und kurz vermixen.
2. Dashi-Pulver und Zucker in Essig auflösen, zum Tofu in den Mixer gießen und verrühren.
3. Nach und nach das Öl hinzugießen und mixen, bis eine Emulsion entsteht. Die Menge an Öl ist abhängig davon, wie fest die Mayonnaise sein soll. So viel Öl hinzufügen, bis die gewünschte Textur erreicht ist.
4. Anschließend das schwarze Salz hinzufügen.

* Die Mayonnaise kann in einem luftdichten Behälter an einem kühlen Ort bis zu einer Woche lang aufbewahrt werden.

ANKO

SAISON **GANZJÄHRIG**
ZUBEREITUNG **30 MINUTEN**
KOCHZEIT **3½ STUNDEN**
REZEPT FÜR **CA. 250 G**

ANKO, DIE SÜSSE ROTE-BOHNEN-PASTE, WIRD AUS ADZUKIBOHNEN ZUBEREITET, DIE SEHR LANGE IN WASSER UND ZUCKER GEKOCHT WERDEN. ES GIBT ZWEI ARTEN: *KOSHI-AN*, DIE GLATTE VARIANTE, UND *TSUBU-AN*, DIE VARIANTE, IN DER NOCH KLEINE STÜCKCHEN ENTHALTEN SIND.

DA DER KOCHVORGANG RECHT LANGE DAUERT, EMPFEHLE ICH, GLEICH EINE GRÖSSERE MENGE ZUZUBEREITEN UND EINZUFRIEREN. ANKO KANN BIS ZU 2 MONATE IM TIEFKÜHLFACH AUFBEWAHRT WERDEN.

100 g getrocknete rote Adzukibohnen

80 g Zucker

1 Prise Fleur de Sel oder feines Salz

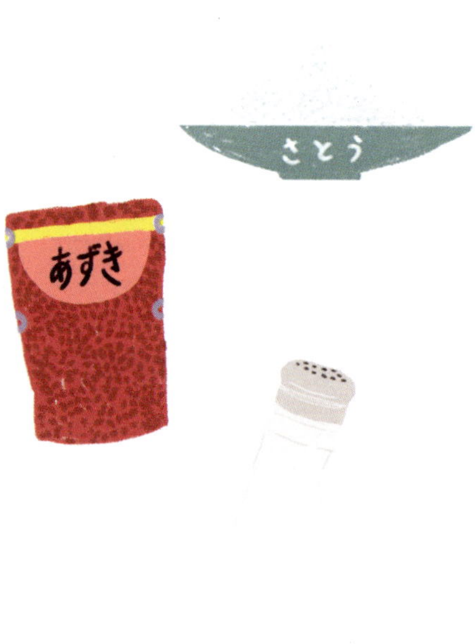

1. Die Bohnen in einen großen Topf geben und mit Wasser aufgießen, bis das Wasser etwa 3 cm über den Bohnen steht.

2. Zum Kochen bringen. Wenn das Wasser kocht, die Bohnen abgießen und gründlich abspülen. So wird die beim Kochen entstehende Bitterkeit ausgeschwemmt.

3. Die Bohnen nochmals mit Wasser bedecken und erneut zum Kochen bringen. Einige Minuten kochen lassen und wieder abgießen. Den Vorgang drei- bis viermal wiederholen.

4. Nach dem letzten Aufkochen und Abspülen noch einmal Wasser (möglichst gefiltert) zugeben und bei mittlerer Hitze 3 Stunden zugedeckt kochen lassen.

5. Wenn die Bohnen weich sind (sie lassen sich leicht mit den Fingern zerdrücken), einen Teil des Kochwassers abgießen, dabei ein wenig Wasser zurückbehalten.

6. Den Zucker hinzufügen, bei mittlerer Hitze köcheln und mit einem Spatel umrühren, bis der Zucker geschmolzen ist. Die Hitze reduzieren und weiterrühren, bis die Flüssigkeit verdampft und eine cremige Textur erreicht ist (ca. 30 Minuten).

7. Vom Herd nehmen und eine Prise Salz einstreuen. Wenn das Anko stückig *(tsubu-an)* sein soll, ist es jetzt fertig. Für ein glattes Anko *(koshi-an)* die Paste mit einem Stabmixer pürieren, bis die gewünschte Textur erreicht ist.

* Anko kann in einem luftdichten Glas im Kühlschrank etwa 2–3 Tage aufbewahrt werden.

HAUPTGERICHTE
9月
日 月 火 水 木 金 土
1 2
3 4 5 6 7 8 9
10 11 12 13 14 15 16
17 18 19 20 21 22 23
24 25 26 27 28 29 30

CURRYREIS

SAISON **WINTER/HERBST**
ZUBEREITUNG **20 MINUTEN**
KOCHZEIT **25 MINUTEN**
REZEPT FÜR **3–4 PORTIONEN**

CURRY IST EIGENTLICH EIN *YÔSHOKU*, ABER ES IST IN JAPAN SO BELIEBT, DASS ES NICHT MEHR ALS WESTLICHES GERICHT WAHRGENOMMEN WIRD. ES WURDE VON DEN ENGLÄNDERN BEREITS IM 19. JAHRHUNDERT NACH JAPAN GEBRACHT, IN DER MEIJI-ÄRA. IM GEGENSATZ ZUM ORIGINALEN INDISCHEN CURRY IST DIE JAPANISCHE VERSION MILDER UND SOGAR LEICHT SÜSSLICH. AUF EINER BASIS AUS MEHL UND BUTTER (MEHLSCHWITZE) WERDEN ETWA ZEHN BIS ZWANZIG GEWÜRZE UND EINE SÜSSE ZUTAT WIE HONIG, ÄPFEL ODER MANCHMAL SOGAR EIN HAUCH VON DUNKLER SCHOKOLADE HINZUGEFÜGT!

DANN KOMMEN KARTOFFELN, KAROTTEN, ZWIEBELN UND FLEISCH HINZU. ALS BEILAGE KANN MAN ALLES ESSEN, WAS MAN MÖCHTE: *TONKATSU* (FRITTIERTES SCHWEINEFLEISCH), *KOROKKE* (KARTOFFELKROKETTEN), GEMÜSE …

DIESES GERICHT IST IN JAPAN SEHR BELIEBT, WEIL ES GUT SCHMECKT, PREISGÜNSTIG IST UND SICH ZU HAUSE MITHILFE VON FERTIGEN CURRYWÜRFELN, DIE MAN IN WASSER AUFLÖST, LEICHT ZUBEREITEN LÄSST. MAN KANN SIE AUCH HIER IN JEDEM ASIATISCHEN LEBENSMITTELGESCHÄFT KAUFEN.

- 2 Zwiebeln
- neutrales Pflanzenöl
- 2 kräftige Prisen Salz
- 2 Kartoffeln
- 1 Karotte
- 2 EL ungesüßtes Kompott
- 2 Knoblauchzehen, zerdrückt
- 5 g Ingwer, püriert oder fein geschnitten
- 3 japanische Currywürfel
- 2 EL Tomatensauce (Passata)
- 2 Lorbeerblätter
- 2 EL Sojasauce
- 1½ EL Sojacreme (pflanzliche Sahne)
- 1 EL Pflanzenmargarine
- 1 EL Tonkatsu-Sauce
- 500 g gekochter japanischer Reis

1. Die Zwiebeln fein würfeln und in einer Pfanne mit hohem Rand in Öl anschwitzen. Salz hinzufügen und bei mittlerer Hitze bräunen.
2. Kartoffeln und Karotte schälen und in grobe Stücke schneiden.
3. Kompott, Knoblauch und Ingwer zu den Zwiebeln in die Pfanne geben. Kartoffeln und Karotten hinzufügen und kurz erhitzen.
4. Mit Wasser aufgießen, bis die Kartoffeln bedeckt sind, und zum Kochen bringen. Die Hitze reduzieren, Currywürfel, Tomatensauce, Lorbeerblätter und Sojasauce hinzufügen. Gut umrühren, bis sich die Currywürfel vollständig aufgelöst haben. Sojacreme, Margarine und Tonkatsu-Sauce einrühren.
5. Die Lorbeerblätter herausnehmen und alles bei schwacher Hitze ein paar Minuten köcheln lassen.
6. Je nach gewünschter Textur noch etwas Wasser hinzufügen oder, wenn zu dünnflüssig, weiter einkochen, um eine cremigere Konsistenz zu erhalten. Mit Reis servieren.

HŌTŌ

SAISON **WINTER**
ZUBEREITUNG **10 MINUTEN**
EINWEICHZEIT **20 MINUTEN**
KOCHZEIT **20 MINUTEN**
REZEPT FÜR **4 PORTIONEN**

HŌTŌ IST EIN GERICHT AUS DER REGION YAMANASHI. ES BESTEHT AUS FLACHEN UDON-WEIZENNUDELN IN KOMBINATION MIT EINER MISO-GEMÜSESUPPE. EIN HERVORRAGENDES ESSEN IM WINTER, DENN ES WÄRMT UND IST REICH AN VITAMINEN, MINERALSTOFFEN UND ENZYMEN, DIE DAS IMMUNSYSTEM STÄRKEN. MAN KANN JE NACH JAHRESZEIT NOCH SAISONALES GEMÜSE MITKOCHEN, ABER DIE GRUNDZUTATEN VON HŌTŌ SIND ZWIEBELN, LAUCH, KARTOFFELN, KAROTTEN UND OFTMALS CHINAKOHL.

¼ Daikon (Winterrettich)
¼ Kabocha-Kürbis
½ Karotte
1 Stange Lauch
3 Stück frittierter Tofu (Aburaage)
2 kleine Shiitake-Pilze (frisch oder getrocknet)

FÜR DIE BRÜHE

800 g Kombu-Dashi (Rezept S. 14)
30 ml Mirin
40 ml Sake
1 TL Ingwer, gerieben
4 Portionen Udon-Nudeln (Rezept S. 27)
100 g weißes Miso
Shichimi-Tōgarashi-Gewürz

1. Den Rettich putzen und in dünne Scheiben schneiden. Das übrige Gemüse schälen bzw. putzen und in grobe Stücke schneiden.

2. Den Tofu in kleine Würfel zerteilen. Die Pilze in dünne Streifen schneiden. Getrocknete Shiitake-Pilze vorher für etwa 20 Minuten in heißem Wasser einweichen.

3. Kombu-Dashi, Mirin, Sake und Ingwer in einen Topf geben. Etwa 5 Minuten bei mittlerer Hitze zugedeckt köcheln lassen.

4. Wenn das Gemüse gar ist, die Kabocha-Stücke herausnehmen und beiseitestellen. Die Nudeln hinzugeben und 10 Minuten kochen.

5. Das Miso in einer kleinen Schüssel mit ein wenig Kochwasser aus dem Hōtō verrühren, bis die Paste vollständig aufgelöst ist.

6. Die Misomischung in den Topf gießen. Alles abschmecken und nach Belieben entweder Wasser zum Verdünnen oder noch etwas Miso hinzugeben. Die Kabochastücke hinzufügen.

7. Die Nudeln aus dem Topf in zwei Suppenschalen verteilen, mit der Brühe aufgießen und zuletzt die Gemüsestücke obenauf geben. Mit etwas Shichimi bestreuen und fertig ist Ihr Hōtō!

NABE

SAISON **WINTER**
ZUBEREITUNG **20 MINUTEN**
KOCHZEIT **20 MINUTEN**
REZEPT FÜR **4 PORTIONEN**

IM WINTER GANZ BESONDERS BELIEBT IST NABE, EINE ART JAPANISCHER EINTOPF. NABE WIRD IN EINEM TONTOPF, DEM *DONABE*, ZUBEREITET. MAN ISST DEN WÄRMENDEN EINTOPF IN GESELLIGER RUNDE, DABEI WIRD DER TOPF EINFACH IN DIE MITTE DES TISCHES GESTELLT. ES GIBT VIELE VERSCHIEDENE VARIATIONEN: *KIMCHI NABE*, *ANKO NABE* (MIT *SEETEUFEL*), *ISHIKARI NABE* (MIT LACHS), *CHANKO NABE* (SEHR BELIEBT BEI SUMO-RINGERN), *MIZUTAKI NABE* (MIT HUHN) ODER *MIZORE NABE* (MIT DAIKON).

FÜR EINE VEGANE VERSION STELLE ICH IHNEN HIER EIN REZEPT MIT PFLANZENMILCH VOR. SIE VERLEIHT DEM EINTOPF EINE CREMIGE KONSISTENZ UND SCHMECKT WIRKLICH LECKER!

¼ Chinakohl
½ Pak-Choi
1 kleine Stange Lauch
300 g fester Tofu
4 Stk. frittierter Tofu (Aburaage)
½ Daikon (Winterrettich)
1 kleine Karotte
1 Frühlingszwiebel
250 g Enoki-Pilze
100 g Shimeji-Pilze
1 großer frischer Shiitake-Pilz

FÜR DIE BRÜHE

350 ml Kombu-Dashi (Rezept S. 14)
350 ml Shiitake-Dashi (Rezept S. 12)
500 ml Pflanzenmilch (ich empfehle eine fetthaltige Pflanzenmilch, z. B. Hafermilch der Marke Oatly®)
50 ml Sake
2 TL Ingwer, gerieben oder püriert
4 EL rotes Miso

1. Beide Dashis in einen Donabe oder einen Topf gießen und auf mittlerer Stufe zum Kochen bringen.

2. Die Hitze reduzieren, Pflanzenmilch, Sake und Ingwer hinzugeben und langsam erwärmen. Die Milch darf nicht kochen.

3. Das Miso hinzugeben und gut verrühren. Einen Deckel auf den Topf legen und vom Herd nehmen.

4. Chinakohl und Pak-Choi in große Stücke (etwa 5 cm) und den Lauch schräg in breite Ringe schneiden. Beide Sorten Tofu in große Würfel schneiden.

5. Daikon und Karotte schälen und in dünne Scheiben schneiden. Frühlingszwiebel in feine Ringe schneiden.

6. Die Basis der Enoki- und Shimeji-Pilze wegschneiden, dabei darauf achten, sie nicht zu trennen. Der Bund sollte erhalten bleiben.

7. Den Donabe (oder Topf) wieder auf den Herd stellen und bei mittlerer Stufe erhitzen.

8. Die Zutaten der Reihenfolge nach, abhängig von der Dauer ihrer Kochzeit, hineingeben: erst Daikon, Karotte, Pilze, Tofu, dann Kohl und Frühlingszwiebel. Zugedeckt bei schwacher Hitze köcheln, bis das Gemüse gar ist.

9. Mit Salz abschmecken.

Serviervorschläge:

* Vor dem Kochen mit einem spitzen Messer in den Kopf des Shiitake-Pilzes eine v-förmige Kerbe ritzen. Eine weitere Kerbe quer dazu, sodass ein X entsteht. Noch einmal einkerben, um ein durchgestrichenes X zu erhalten.

* Die Karottenscheiben mit einem Förmchen in Blütenform ausstechen oder sie mit dem Messer in Form schneiden.

TANTANMEN

SAISON **WINTER**
ZUBEREITUNG **10 MINUTEN**
KOCHZEIT **15 MINUTEN**
REZEPT FÜR **2 PORTIONEN**

RAMEN HAT MIR SCHON IMMER SEHR GUT GESCHMECKT, OB IN EINEM RESTAURANT ODER AUCH IN DER INSTANT-VERSION. ICH ERINNERE MICH NOCH GENAU AN DAS ERSTE MAL, ALS ICH RAMEN ASS: MEINE MUTTER NAHM MICH MIT IN EIN KLEINES RAMEN-*YA*, SO NENNT MAN IN JAPAN DIE RESTAURANTS, DIE AUF RAMEN SPEZIALISIERT SIND.

ES ROCH NACH DEM SCHWEISS DER ARBEITER, DIE IN IHRER KURZEN MITTAGSPAUSE HIER IHR ESSEN HINUNTERSCHLANGEN. DIE TISCHE WAREN SCHMUTZIG UND KLEBRIG. WIR SASSEN AUF KLEINEN HOCKERN UND WARTETEN INMITTEN DES TRUBELS AUF UNSER ESSEN. STÄNDIG HÖRTE MAN *»IRASHAI MASEEEE«*, MIT DEM DIE NEUEN GÄSTE BEGRÜSST WURDEN. DANN, NACH EIN PAAR MINUTEN, STANDEN UNSERE RIESIGEN SCHÜSSELN MIT RAMEN VOR UNS AUF DEM TISCH. ICH PROBIERTE ZUERST DIE SUPPE, DANN DIE NUDELN UND DIE TOPPINGS, UM ALLES IN MEINEM MUND VERSCHMELZEN ZU LASSEN. ICH ERLEBTE EINE EXPLOSION VON AROMEN UND TEXTUREN, DIE PERFEKT MITEINANDER HARMONIERTEN. EIN WAHRER GENUSS, AUF DEN ICH BIS HEUTE NICHT MEHR VERZICHTEN KANN!

ES GIBT VIELE VERSCHIEDENE ARTEN VON RAMEN-BRÜHEN, UND JEDE WIRD MIT EINER BESTIMMTEN SORTE VON NUDELN GEGESSEN: GLATTE, GEKRÄUSELTE, DÜNNE UND DICKE. TANTANMEN WIRD TRADITIONELL MIT GLATTEN, DÜNNEN NUDELN ZUBEREITET. ICH PERSÖNLICH BEVORZUGE JEDOCH GEKRÄUSELTE NUDELN, DA SIE MEHR BRÜHE AUFNEHMEN.

160 g Räuchertofu
neutrales Öl
4 Pak-Choi-Blätter
2 Portionen Ramen-Nudeln
1 Frühlingszwiebel, fein geschnitten
Sesamsamen
1 Spritzer Rayu-Öl

FÜR DIE BRÜHE

20 ml Sesamöl
55 g rote Misopaste
10 g Knoblauchpüree
8 g Ingwerpüree
12 g Kombu-Dashi-Pulver
6 g Erdnussbutter (ungezuckert)
550 ml Sojamilch

1. Den Tofu mit einer Gabel zerbröseln. In einem Topf mit wenig Öl anbraten und beiseitestellen.

2. Die Pak-Choi-Blätter 2 Minuten in kochendem Wasser blanchieren. Herausnehmen, mit kaltem Wasser abschrecken und beiseitestellen.

3. Alle Zutaten für die Brühe außer der Sojamilch in einer kleinen Schüssel verrühren.

4. Die Sojamilch in einem Topf bei schwacher Hitze erwärmen, sie darf nicht kochen.

5. In einem zweiten größeren Topf 60 ml Wasser zum Kochen bringen und die Nudeln darin kochen. Wenn sie gar sind, in ein Sieb abschütten, abtropfen lassen und in Ramen-Schüsseln portionieren.

6. Die Würzmischung aus der kleinen Schüssel in die Sojamilch gießen, verrühren und über den Nudeln verteilen. Die Toppings inklusive Frühlingszwiebel und Sesam obenauf geben, mit etwas Rayu beträufeln und genießen!

MISO-BUTTER-RAMEN

SAISON WINTER
ZUBEREITUNG 5 MINUTEN
KOCHZEIT 15 MINUTEN
REZEPT FÜR 2 PORTIONEN

MISO-BUTTER-RAMEN GEHÖRT ZU MEINEN LIEBLINGSRAMEN IM WINTER. WIE DER NAME SCHON SAGT, BESTEHT DIE SUPPE AUS EINER BRÜHE AUF MISO-BASIS, DIE MIT BUTTER VERFEINERT WIRD. FÜR EINE VEGANE VERSION KANN MAN DIE BUTTER DURCH PFLANZENMARGARINE ERSETZEN. ICH EMPFEHLE KOKOSÖL, DA ES REICHHALTIGER IST. SIE SOLLTEN JEDOCH DESODORIERTES KOKOSÖL VERWENDEN, DENN ES VERFÄLSCHT DEN GESCHMACK DER BRÜHE NICHT.

FÜR DAS TOPPING

2 Frühlingszwiebeln
2 Portionen Menma (marinierte Bambussprossen in Streifen)
2 EL gekochter Mais
6 Kikurage-Pilze (Judasohr)
½ Nori-Blatt

FÜR DIE BRÜHE

40 g rotes Miso
15 g Knoblauchpüree
15 g Kombu-Dashi-Pulver oder 450 ml Kombu-Dashi (Rezept S. 14)
40 g desodoriertes Kokossöl

FÜR DIE NUDELN

2 Portionen Ramen-Nudeln (Instant oder frisch)

1. Die Frühlingszwiebeln in dünne Ringe schneiden und beiseitestellen.
2. Für die Brühe alle Zutaten in einer kleinen Schüssel verrühren. Die Mischung auf zwei Ramenschalen aufteilen.
3. 450 ml Wasser oder Kombu-Dashi zum Kochen bringen.
4. In einem größeren Topf die Nudeln mit viel Wasser kochen. Wenn sie gar sind, abschütten und auf die Ramenschalen verteilen.
5. Mit heißem Wasser oder Brühe aufgießen, Toppings obenauf geben und genießen.

OMURAISU

SAISON **FRÜHLING**
ZUBEREITUNG **20 MINUTEN**
KOCHZEIT **10 MINUTEN**
REZEPT FÜR **2 PORTIONEN**

OMURAISU IST EIN BEI KINDERN SEHR BELIEBTES *YŌSHOKU*, DAS AUF DEN SPEISEKARTEN VIELER *FAMIRESU* STEHT. DER NAME SETZT SICH ZUSAMMEN AUS *OMU* FÜR OMELETT UND *RAISU* FÜR REIS. ES IST EIN EINFACHES GERICHT, BESTEHEND AUS IN KETCHUP GEBRATENEM REIS, DER JE NACH VORLIEBE MIT EINEM DÜNN ODER DICK GEBACKENEN OMELETT UMWICKELT WIRD. OFT WIRD REIS VOM VORTAG VERWENDET, DA ER SCHON TROCKENER IST UND NACH DEM ANBRATEN EINE BESSERE KONSISTENZ HAT ALS FRISCH GEKOCHTER REIS.

MEINE MUTTER BEREITETE OMURAISU AUS REIS MIT TOMATENSAUCE ZU UND RUNDETE DAS OMELETT MIT EINER DEMI-GLACE-SAUCE AB. IN MEINEM REZEPT FÜGE ICH NOCH ZWIEBELN UND PILZE HINZU, SIE VERLEIHEN DEM OMELETT DAS GEWISSE EXTRA. ABER DAS IST NICHT NOTWENDIG, SIE KÖNNEN GERNE DIE ORIGINAL-VERSION MIT KETCHUP-SAUCE ZUBEREITEN.

FÜR DAS OMELETT

50 g Kichererbsenmehl
250 ml Sojamilch
250 g Seidentofu
1 TL Zucker
1 TL Kombu-Dashi-Pulver
¼ TL Backpulver
1 Prise schwarzes Salz (Kala Namak)
1 Prise Kurkuma (für die Farbe)
neutrales Pflanzenöl

FÜR DEN REIS

1 kleine Zwiebel
50 g Räuchertofu
neutrales Pflanzenöl
2 Portionen Reis, wenn möglich vom Vortag (ca. 300 g)
4 EL Ketchup
1 EL Sojasauce
1 Prise Salz

FÜR DIE SAUCE

½ Zwiebel
neutrales Pflanzenöl
30 g Shimeji-Pilze (alternativ Champignons)
5 EL Demi-Glace-Sauce (Rezept S. 20)

1. Alle Zutaten für den Omelett-Teig außer dem Öl in einem Mixer vermixen.

2. Das Öl in einer heißen beschichteten Pfanne erhitzen, eine große Kelle Omelett-Teig hineingeben und zu einem dünnen Pfannkuchen verstreichen. Von beiden Seiten etwa 1 Minute backen und anschließend auf einen Teller legen. Ein zweites Omelett auf dieselbe Weise backen.

3. Zwiebel und Räuchertofu in kleine Würfel schneiden. In einer Pfanne mit einem Schuss Öl bei mittlerer Hitze anbraten. Reis hinzugeben und gut umrühren. Ketchup und Sojasauce hinzufügen und nach Belieben salzen. Vom Herd nehmen und beiseitestellen.

4. Für die Sauce die Zwiebel hacken und in einem Topf mit einem Schuss Öl andünsten. Pilze hinzugeben und 2 Minuten braten. Die Hitze reduzieren und die Demi-Glace-Sauce unterrühren. Den Topf warm stellen.

5. Ein Omelett in eine mittelgroße Schale geben. Es sollte über die Schale hinausragen, denn die Ränder werden später umgeklappt.

6. Das Omelett mit dem gebratenen Reis füllen und die überstehenden Ränder umschlagen, sodass der Reis eingewickelt wird. Einen Teller auf die Oberseite der Schale legen und das Omelette stürzen. Alle Schritte mit dem zweiten Omelett wiederholen.

7. Auf Tellern anrichten und mit der Demi-Glace-Pilz-Sauce garnieren. Fertig zum Genießen!

OBENTŌ

SAISON **FRÜHLING**
ZUBEREITUNG **40 MINUTEN**
KOCHZEIT **25 MINUTEN**
REZEPT FÜR **2 BENTO**

BENTOS, DIE JAPANISCHEN ESSENSBOXEN, SIND EIN PRAKTISCHER ALLROUNDER: SCHÖN ANZUSEHEN, SEHR LECKER UND AUCH KALT ZU GENIESSEN. BESONDERS MOTIVIERTE JAPANISCHE MÜTTER BEREITEN FÜR IHRE KINDER *KYARABEN* ZU, KUNSTVOLL ANGERICHTETE BENTOS MIT MOTIVEN AUS DEN ANGESAGTESTEN ZEICHENTRICKSERIEN. BENTOS SIND ABER NATÜRLICH NICHT NUR FÜR KINDER, SONDERN SIE WERDEN AUCH IN DEN *KONBINI*, DEN RUND UM DIE UHR GEÖFFNETEN LÄDEN, VERKAUFT. IHR INHALT IST EINE AUSGEWOGENE MAHLZEIT, BESTEHEND AUS EINER PORTION REIS, EINER PORTION GEMÜSE UND EINER PORTION PROTEIN. IN MEINER LIEBLINGSVERSION VERWENDE ICH *KARAAGE*, BROKKOLI, JAPANISCHEN KARTOFFELSALAT UND TOMATEN - UND NICHT ZU VERGESSEN EINE *UMEBOSHI* (JAPANISCHE SALZPFLAUME) AUF DEM REIS ALS KRÖNUNG.

- 4–6 Karaage (Rezept S. 84)
- 1–2 EL Poteto Salada (Rezept S. 94)
- einige Scheiben Renkon-Sunomono (Rezept S. 86)
- ¼ Brokkoli
- 2 Portionen gekochter Reis (250–300 g)
- 2 Kirschtomaten
- krause Petersilie zum Garnieren
- 2 Umeboshi (japanische Salzpflaumen)

1. Karaage vom Vortag bereitlegen, Poteto Salada und Renkon-Sunomono nach Rezept zubereiten.

2. Brokkoli in Röschen schneiden und 1 Minute in kochendem Wasser blanchieren. Mit kaltem Wasser abschrecken und beiseitestellen.

3. Die Hälfte einer Bento-Box mit Reis befüllen. In die gegenüberliegende Ecke einen großen Löffel Poteto Salada geben. Brokkoli, 2–3 Karaage und halbierte Kirschtomaten in der Mitte platzieren. Die Zwischenräume mit Renkon und krauser Petersilie garnieren. Den Reis mit einer Umeboshi krönen.

OINARI-SAN

SAISON **FRÜHLING**
ZUBEREITUNG **30 MINUTEN**
KOCHZEIT **20 MINUTEN**
REZEPT FÜR **12 INARIZUSHI**

OINARI ODER *INARIZUSHI* SIND EINE TRADITIONELLE ART VON SUSHI AUS GEBRATENEN UND MARINIERTEN TOFUTASCHEN, DIE MIT REIS GEFÜLLT SIND. DER TOFU ODER ABURAAGE WIRD IN EINER SÜSSEN LAKE AUF BASIS VON SOJASAUCE EINGELEGT. IN DER EINFACHEN VERSION, DER KANTŌ-ART, WERDEN *INARI* MIT REIS GEFÜLLT UND UMGEDREHT SERVIERT, SO SIEHT MAN DEN REIS NICHT. IN DER ŌSAKA-VARIANTE SIND DIE GEFÜLLTEN TOFUTASCHEN OBEN OFFEN UND MIT BUNTEN TOPPINGS GARNIERT. UM DIE ANKUNFT DES FRÜHLINGS ZU FEIERN, STELLE ICH IHNEN HIER EINE FARBENFROHE UND GESCHMACKLICH VIELFÄLTIGE VERSION VON OINARI-SAN VOR.

600 g Reis
125 g Räuchertofu
neutrales Pflanzenöl
2 EL Teriyaki-Sauce (Rezept S. 24)
125 g Naturtofu
3 EL Sojacreme
1 Prise Kurkuma (für die Farbe)
2 Prisen schwarzes Salz (Kala Namak)
12 Inari-Tofutaschen (in japanischen Lebensmittelgeschäften erhältlich)
2 EL Reisessig
3 EL Edamame, geschält
3 EL veganer Lachsrogen (in Bioläden erhältlich)
essbare Blüten und Gari-Ingwer für die Garnitur (optional)

1. Reis entweder im Reiskocher zubereiten oder nach dem Rezept auf S. 7 kochen.

2. Den Räuchertofu mit einer Gabel zerbröseln.

3. In einer Pfanne die Hälfte des Räuchertofus in 1 EL Öl bei starker Hitze anbraten. Die Hitze reduzieren und die Teriyaki-Sauce hinzugeben. Umrühren und köcheln, bis die Flüssigkeit verdampft ist. Beiseitestellen und mit der anderen Hälfte ebenso verfahren.

4. In einer anderen Pfanne den Naturtofu ebenso wie den Räuchertofu anbraten. Die Sojacreme hinzufügen und umrühren, bis die Creme vom Tofu aufgesogen ist. Die Hitze reduzieren, Kurkuma und schwarzes Salz hinzufügen. Beiseitestellen.

5. Die Tofutaschen in einem Topf bei schwacher Hitze 2 Minuten erwärmen. Wenn sie warm sind, lassen sie sich leichter öffnen: Aus dem Topf nehmen, mit der Handfläche das Wasser ausdrücken und vorsichtig öffnen. Beiseitestellen.

6. Den fertigen Reis in eine große Schüssel geben, Reisessig dazugießen und gut mischen. Abkühlen lassen.

7. Die Tofutaschen mit dem handwarmen Reis befüllen und den Reis gut festdrücken. Die Tasche jedoch nicht bis zum Rand füllen, damit noch genug Platz für die Toppings bleibt. Die Inaris auf einem flachen Teller anrichten.

8. Je eine Schale mit den beiden Tofusorten, eine mit Edamame, eine mit veganen Lachseiern, eine mit den Blüten und Gari-Ingwer vorbereiten. Nacheinander die Toppings auf die Inaris legen, beginnend mit Tofu und Edamame. Mit einer Blüte und ein wenig Gari-Ingwer garnieren.

CHAHAN

SAISON **FRÜHLING**
ZUBEREITUNG **10 MINUTEN**
KOCHZEIT **10 MINUTEN**
REZEPT FÜR **2 PORTIONEN**

CHAHAN IST EIN TYPISCH CHINESISCHES GERICHT, DAS NACH JAPAN IMPORTIERT WURDE UND HIER SEHR HÄUFIG GEGESSEN WIRD, SEI ES IN RESTAURANTS ODER AUCH ZU HAUSE. ES IST SEHR PRAKTISCH IN DER ZUBEREITUNG, DENN MAN KANN DIE RESTE VOM VORTAG VERWENDEN. ES SCHMECKT SOGAR BESSER MIT REIS VOM VORTAG, DA ER DANN FESTER IST. MAN KANN BELIEBIGE ZUTATEN HINZUFÜGEN: GEMÜSE, PILZE, TOFU ... MEINE MUTTER HATTE EIN GANZ EINFACHES REZEPT AUF KNOBLAUCHBASIS UND ES SCHMECKTE HERRLICH! ICH STELLE ES IHNEN HIER VOR. SIE KÖNNEN ALLE MÖGLICHEN RESTE AUS IHREM KÜHLSCHRANK HINZUFÜGEN, JE NACHDEM, WORAUF SIE GERADE LUST HABEN.

- 60 g Tofu (geräuchert oder Natur)
- ½ Zwiebel
- 4 Knoblauchzehen
- 1 Birds-Eye-Chili
- 2 EL neutrales Pflanzenöl
- 300 g Reis vom Vortag
- 1 EL Sesamöl
- 2 TL Sojasauce
- 2–3 Prisen Salz
- 1 Frühlingszwiebel

1. Den Tofu zerbröckeln, Zwiebel und Knoblauch klein würfeln. Von der Chili die Kerne entfernen und die Schote in feine Ringe schneiden.
2. Alle vorgenannten Zutaten in einer heißen Pfanne in Öl anbraten.
3. Den Reis hinzufügen und mit einem Spatel untermischen, ständig umrühren, damit er nicht anklebt. Ist der Reis heiß, Sesamöl und Sojasauce unterrühren und mit Salz abschmecken.
4. Die Hälfte des gebratenen Reises in eine mittelgroße Schüssel geben und gut festdrücken. Einen Teller darauflegen und die Schüssel schnell umstülpen. Die Schüssel abnehmen. Der Reis liegt jetzt wie ein gestürzter Kuchen auf dem Teller.
5. Das Grün der Frühlingszwiebel in feine Ringe schneiden und den Reis damit garnieren.

NAPOLITAN

SAISON **FRÜHLING**
ZUBEREITUNG **15 MINUTEN**
KOCHZEIT **25 MINUTEN**
REZEPT FÜR **2 PORTIONEN**

ICH SEHE SCHON, WIE SIE DIE STIRN RUNZELN, WENN SIE EIN SPAGHETTI-REZEPT IN EINEM JAPANISCHEN KOCHBUCH FINDEN! ES MAG SIE ÜBERRASCHEN, ABER NAPOLITAN, EIN GERICHT, DAS SIE GLEICH KENNENLERNEN WERDEN, IST TATSÄCHLICH EINE JAPANISCHE SPEZIALITÄT. ES ZÄHLT ZU DEN *WAFŪ*-PASTA, NUDELGERICHTEN, DIE MIT EINER JAPANISCHEN NOTE NEU INTERPRETIERT WURDEN.

NAPOLITAN BESTEHT AUS SPAGHETTI, DIE MIT ZWIEBELN, PAPRIKA UND WÜRSTCHEN IN EINER SÜSSEN KETCHUPSAUCE ANGEBRATEN WERDEN. ES KOMMT OFT IN DIE BENTOS FÜR KINDER. AUCH WAR ES IMMER EINES MEINER LIEBLINGSGERICHTE. ES GIBT EINE FÜR ERWACHSENE ABGEWANDELTE VERSION, DIE MAN *OTONA NO AJI* (GESCHMACK DER ERWACHSENEN) NENNT. SIE WIRD MIT GEGRILLTEN KIRSCHTOMATEN, ROTWEIN UND CHILI ZUBEREITET.

½ Zwiebel
2 kleine grüne Paprikaschoten
2 vegane Knackwürstchen
1 Birds-Eye-Chili
8 Kirschtomaten
neutrales Pflanzenöl
grobes Salz
4 EL Rotwein
180 g Spaghetti
10 EL Ketchup
6 EL Pflanzenmilch
2 TL vegane Worcestershiresauce
2 TL Sojasauce
Salz, Pfeffer
krause Petersilie zum Garnieren

1. Zwiebel und Paprika in dünne Streifen und die Würstchen in kleine Stücke schneiden. Chili entkernen, in feine Ringe schneiden und beiseitestellen.

2. Die Kirschtomaten auf ein mit Backpapier ausgelegtes Backblech legen. Mit Olivenöl beträufeln und mit grobem Salz bestreuen. Für ca. 25 Minuten bei 180 °C in den Backofen schieben.

3. In einem großen Topf Wasser zum Kochen bringen.

4. In der Zwischenzeit die Zwiebeln bei mittlerer Hitze in einer Pfanne mit etwas Öl anschwitzen. Wenn sie glasig sind, Paprika und Würstchen hinzufügen, umrühren und kurz mitbraten. Mit Rotwein ablöschen und beiseitestellen.

5. Die Nudeln in das kochende Wasser geben und 8–10 Minuten kochen. Anschließend abgießen.

6. Ketchup, Pflanzenmilch, Worcestershiresauce, Sojasauce und Chili in die Pfanne zum angebratenen Gemüse und den Würstchen geben. Bei mittlerer Hitze köcheln und etwas einkochen lassen.

7. Die abgetropften Spaghetti hinzufügen und alles gut durchmischen. Mit Salz und Pfeffer abschmecken.

8. In einem tiefen Teller mit Petersilie garniert servieren.

SOBORO DON

SAISON **FRÜHLING**
ZUBEREITUNG **10 MINUTEN**
KOCHZEIT **10 MINUTEN**
REZEPT FÜR **2 PORTIONEN**

SOBORO DON IST IN JAPAN SEHR BELIEBT. *SOBORO* BEDEUTET »GEHACKT« UND *DON* IST EINE ABKÜRZUNG FÜR *DONBURI*, EIN REISGERICHT MIT GEHACKTEM HUHN UND RÜHREI, DAS MIT GRÜNEM GEMÜSE GARNIERT WIRD. ES WIRD AUCH *SANSHOKU DON*, DREIFARBEN-*DONBURI*, GENANNT.

- 100 g Komatsuna (japanischer Senfspinat) oder Blattspinat
- 1 cm frischer Ingwer
- neutrales Pflanzenöl
- 150 g veganes Hack oder Sojaschnetzel (eingeweicht)
- 3–4 EL Miso-Glasur (Rezept S. 22)
- 100 g fester Tofu
- 50 g Sojacreme
- 1 Prise Kurkumapulver
- 2 Prisen schwarzes Salz (Kala Namak)
- 2 Prisen Salz
- 300 g gekochter Reis
- 4 EL Ponzu (Rezept S. 18)
- Beni shōga (eingelegter roter Ingwer) zum Garnieren

1. Komatsuna (Spinat) unter klarem Wasser abspülen und auf eine Länge von etwa 5 cm schneiden. In einem Topf mit kochendem Wasser 2 Minuten blanchieren. Abtropfen lassen, mit kaltem Wasser abspülen und beiseitestellen.

2. Den frischen Ingwer in sehr kleine Stückchen hacken. In einer Pfanne in einem Schuss Öl bei mittlerer Hitze 1 Minute lang anbraten, dann das vegane Hack hinzufügen. Wenn es gar ist, die Hitze reduzieren und die Miso-Sauce hinzufügen, die Pfanne vom Herd nehmen.

3. Den Tofu zerbröseln und in einer zweiten Pfanne mit einem Schuss Öl bei mittlerer Hitze anbraten. Sojacreme, Kurkuma, schwarzes Salz und Salz hinzufügen. Alles bei schwacher Hitze köcheln lassen, bis der Tofu die Sojacreme aufgesogen hat.

4. Eine große Schüssel etwa zur Hälfte mit Reis füllen. Die restliche Schüssel jeweils zu einem Drittel mit Komatsuna (Spinat), Hack und Tofu befüllen. Ponzu über den Komatsuna gießen und mit Beni shōga in der Mitte garnieren.

HIYASHI CHŪKA

SAISON **SOMMER**
ZUBEREITUNG **10 MINUTEN**
RUHEZEIT **10 MINUTEN**
KOCHZEIT **15 MINUTEN**
REZEPT FÜR **2 PORTIONEN**

DER SOMMER IN JAPAN IST SEHR HEISS UND DAHER SIND IN DIESER JAHRESZEIT KALTE UND EISGEKÜHLTE GERICHTE SEHR BELIEBT. DIE JAPANER SIND GROSSE NUDELLIEBHABER UND HABEN DESHALB VIELE NUDELGERICHTE IN EINE EISGEKÜHLTE VERSION ABGEWANDELT, ETWA SOBA UND UDON. HIYASHI CHŪKA IST EIN SOMMER-RAMEN: NUDELN AUF WEIZENBASIS, MIT TOPPINGS AUS GEMÜSE UND EINEM DRESSING. EINE IDEALE ERFRISCHUNG UND EINFACH KÖSTLICH!

50 g Räuchertofu

1 große Tomate (z. B. Ochsenherz)

1 Blatt Nori-Alge (10 x 10 cm)

⅓ Salatgurke

feines Salz

170 g Ramen-Nudeln

Dressing für Hiyashi Chūka (Rezept S. 24)

70 g Mais aus der Dose

1. Tofu und Tomate in dünne Scheiben schneiden. Nori-Blatt mit einer Schere in dünne Streifen schneiden.

2. Die Gurke in Stifte schneiden und in eine Schüssel geben. Mit reichlich Salz bestreuen und durchmischen. Etwa 10 Minuten stehen lassen, damit das Gurkenwasser austritt. Anschließend die Gurkenstifte zwischen den Handflächen zusammendrücken, um überschüssiges Wasser auszuwringen. Beiseitestellen.

3. Die Nudeln nach Packungsanleitung kochen, abschütten und mit kaltem Wasser abschrecken.

4. Die Nudeln in einem tiefen Teller anrichten und das Dressing darübergießen.

5. Die Toppings hinzufügen, zuletzt die Nori-Algen. Das Hiyashi Chūka ist fertig, guten Appetit!

* Vegane Ramen-Nudeln finden Sie in Asia- oder Bioläden. Lesen Sie die Zutatenliste genau durch, denn Ramen-Nudeln enthalten in der Regel Eier. Auch Instant-Ramen-Nudeln eignen sich sehr gut. Ich empfehle die Demae Ramen der Marke Nissin®.

* Für Menschen mit einer Glutenallergie oder -intoleranz gibt es spezielle Ramen-Nudeln, die jedoch schwerer zu finden sind! Für mich sind *shirataki* (Konjak-Nudeln) eine gute Alternative, sie sind leichter, bekömmlicher und ballaststoffreich.

MAGURO DON

SAISON **SOMMER**
ZUBEREITUNG **10 MINUTEN**
KOCHZEIT **35 MINUTEN**
REZEPT FÜR **2 PORTIONEN**

- 2 große rote Paprika
- 2 reife Avocados
- 3 kleine Blätter der Austernpflanze *(Mertensia maritima)*
- 1 Blatt Nori-Alge
- 1 Frühlingszwiebel
- 350 g gekochter Reis
- 3–4 EL Sojasauce
- Sesamsamen
- 1 Msp. Wasabi (optional)

FISCH IST NEBEN REIS UND GEMÜSE EINE DER GRUNDZUTATEN DER JAPANISCHEN KÜCHE. DA JAPAN EINE INSELGRUPPE IST, HAT DER FISCHFANG SEIT JEHER EINE GROSSE BEDEUTUNG. ENTSPRECHEND NIMMT FISCH IN DER JAPANISCHEN KÜCHE EINEN SEHR WICHTIGEN, WENN NICHT GAR DEN WICHTIGSTEN PLATZ EIN.

MAN KÖNNTE MEINEN, DER GESCHMACK DES MEERES SEI IN DER PFLANZLICHEN KÜCHE SCHWIERIG NACHZUBILDEN, DOCH HALTEN PFLANZEN VIELE ÜBERRASCHUNGEN FÜR UNS BEREIT! ALGEN SIND EIN GUTES BEISPIEL: SIE STAMMEN DIREKT AUS DEM OZEAN, ENTHALTEN VIEL JOD, DAS DEN TYPISCHEN MEERESGESCHMACK AUSMACHT. ABER AUCH AN LAND GIBT ES PFLANZEN, DIE NACH MEER SCHMECKEN, ZUM BEISPIEL DIE AUSTERNPFLANZE *(MERTENSIA MARITIMA)*. SIE VERDANKT IHREN NAMEN DEM GESCHMACK, DER DEM EINER AUSTER SEHR ÄHNLICH IST. UND NOCH EIN ÜBERRASCHENDES BEISPIEL: AVOCADO GEMISCHT MIT SOJASAUCE SCHMECKT NACH *MAGURO*, DEM JAPANISCHEN THUNFISCH!

GENAU SO WERDE ICH SIE IN DIESEM REZEPT VERWENDEN. ALS GARNITUR KOMMEN ROTE PAPRIKA HINZU, DIE SEHR LANGE IM BACKOFEN GEGART WERDEN. ABGERUNDET WIRD ALLES MIT NORI-ALGEN, DIE ZUSÄTZLICHEN MEERESGESCHMACK MITBRINGEN. SIE WERDEN BEGEISTERT SEIN!

1. Die Paprika vierteln, entkernen und auf ein mit Backpapier ausgelegtes Backblech legen. Bei 200 °C für 35 Minuten braten. Nach der Hälfte der Garzeit wenden. Aus dem Ofen nehmen und abkühlen lassen.

2. Die Avocados schälen, halbieren, den Kern entfernen und das Fruchtfleisch in dünne Scheiben schneiden.

3. Die Blätter der Austernpflanze und das Nori-Blatt in feine Streifen schneiden. Das Grün der Frühlingszwiebel in feine Ringe schneiden.

4. Wenn die Paprikastücke ausgekühlt sind, die Haut entfernen und die Paprika in 8–10 quadratische Stücke schneiden.

5. Den Reis auf zwei Schalen aufteilen, dann Austernpflanze, ein bisschen Nori und Avocado auflegen und mit den Paprikastücken bedecken.

6. Mit Sojasauce beträufeln und in der Mitte mit Frühlingszwiebeln, restlichen Nori-Streifen und Sesamsamen garnieren. Eine kleine Messerspitze Wasabi gibt noch etwas Schärfe.

ZARU UDON

SAISON **SOMMER**
ZUBEREITUNG **10 MINUTEN**
REZEPT FÜR **2 PORTIONEN**

ZARU SIND KLEINE BAMBUSKÖRBCHEN, IN DENEN DIE UDON-NUDELN SERVIERT WERDEN. DESHALB HEISST DAS GERICHT ZARU UDON. ES GIBT AUCH EINE VERSION MIT BUCHWEIZENNUDELN, DANN NENNT MAN ES ZARU SOBA. DIE NUDELN WERDEN EINGETAUCHT IN _TSUYU_, EINE SOJASAUCE, DIE TYPISCHERWEISE MIT GEMAHLENEN SESAMSAMEN, GERIEBENEM DAIKON UND ETWAS WASABI GEWÜRZT IST. OFT WIRD ZU DEN NUDELN _TEMPURA_, FRITTIERTES GEMÜSE, SERVIERT, DANN HEISST DAS GERICHT TENZARU UDON.

EINE PERFEKTE BALANCE ZWISCHEN FRISCHE UND GENUSS FÜR DEN SOMMER!

- 2 TL Sesamsamen
- 5 cm weißer Daikon (Winterrettich)
- Mentsuyu (Rezept S. 26)
- 1 TL Wasabi (optional)
- 2 Portionen Udon-Nudeln (Rezept S. 27)
- Gemüse-Tempura (optional, Rezept S. 132)

1. Die Sesamsamen in einem Mörser zermahlen, bis sie pulvrig sind.

2. Daikon schälen und klein raspeln. Beiseitestellen.

3. Eine Portion Mentsuyu in ein kleines Schälchen geben, 1 TL Sesampulver, die Hälfte des Daikons und ½ TL Wasabi hinzufügen und gut vermischen. Ebenso für die zweite Portion verfahren. Das Mentsuyu muss gut gekühlt sein.

4. Die Nudeln in einem *zaru* (Bambuskörbchen) oder einem tiefen Teller anrichten, mit Mentsuyu und Gemüsetempura servieren.

MISO NASU DONBURI

SAISON **SOMMER**
ZUBEREITUNG **15 MINUTEN**
KOCHZEIT **30 MINUTEN**
REZEPT FÜR **2 PORTIONEN**

WENN ICH AN DEN SOMMER DENKE, FÄLLT MIR ALS ALLERERSTES GEMÜSE DIE AUBERGINE EIN, DIE AUF JAPANISCH *NASU* HEISST. DIE JAPANISCHEN AUBERGINEN SIND KLEINER, LÄNGER UND HABEN EINE DÜNNERE SCHALE ALS DIE BEI UNS ERHÄLTLICHEN. ICH LIEBE ES, SIE IM BACKOFEN ZU GAREN UND MIT MISO-SAUCE ZU GLASIEREN, DAS HARMONIERT WUNDERBAR! IN KOMBINATION MIT HOCHWERTIGEM WEISSEM JAPANISCHEN REIS SIND SIE EINFACH EIN GEDICHT! WAS LIEGT ALSO NÄHER, ALS DIESE MISO-AUBERGINEN ALS DONBURI ZUZUBEREITEN?

2 Auberginen
neutrales Pflanzenöl
300 g gekochter Reis (entspricht ca. 200 g rohem Reis)
1 Frühlingszwiebel
Miso-Glasur (Rezept S. 22)
geröstete weiße Sesamsamen

1. Den Backofen auf 200 °C vorheizen. Die Auberginen der Länge nach in Scheiben schneiden und auf einem mit Backpapier ausgelegten Backblech verteilen.

2. Gleichmäßig und großzügig mit Öl beträufeln. Die gesamte Oberfläche sollte mit Öl bedeckt sein.

3. Für 30 Minuten in den Backofen schieben. Inzwischen den Reis kochen.

4. Das Grün der Frühlingszwiebel in feine Ringe schneiden und beiseitestellen.

5. Den Reis in zwei große Schalen füllen und die gegrillten Auberginenscheiben obenauf legen. Mit 2–3 EL Miso-Sauce bestreichen und mit Zwiebelringen und Sesamsamen bestreuen.

KABOCHA-EINTOPF

SAISON **HERBST**
ZUBEREITUNG **15 MINUTEN**
KOCHZEIT **1 STUNDE**
REZEPT FÜR **4 PORTIONEN**

SEIT MEINER KINDHEIT IST DIESER EINTOPF FÜR MICH EIN WÄRMENDES WINTERGERICHT. ER STEHT HÄUFIG IN *FAMIRESUS* AUF DER SPEISEKARTE, DEN FAMILIENRESTAURANTS, IN DENEN JAPANISCH INTERPRETIERTE WESTLICHE GERICHTE SERVIERT WERDEN.

KABOCHA IST EINE JAPANISCHE KÜRBISSORTE, ABER AUCH DAS ALLGEMEINE WORT FÜR KÜRBIS. ER IST EIN HIGHLIGHT UNTER DEN HERBSTGEMÜSEN. ICH STELLE IHNEN HIER EIN VEGANES REZEPT FÜR EINEN HELLEN EINTOPF VOR.

350 g Kabocha-Kürbis
2 Zwiebeln
25 g Pflanzenmargarine oder 30 ml neutrales Pflanzenöl
1 kleine Karotte
1 Brokkoli
25 g Maisstärke (oder Kartoffelstärke)
500 ml Sojamilch
1 Gemüsebrühwürfel
2 EL Kombu-Dashi-Pulver
1 TL Salz
200 g Räuchertofu
Sesamsamen zum Garnieren (optional)
gekochter Reis als Beilage (optional)

1. Den Kürbis schälen und in kleine Stücke schneiden. In Alufolie einwickeln und im Backofen bei 220 °C für 40–50 Minuten garen. Der Kürbis muss ganz weich werden.

2. In der Zwischenzeit die Zwiebeln klein schneiden und in einem großen Topf bei mittlerer Hitze in Margarine oder Öl anschwitzen.

3. Die Karotte schaben und in mitteldicke Scheiben schneiden. In kochendem Wasser etwa 2 Minuten blanchieren. Den Brokkoli in Röschen zerteilen und ebenso blanchieren.

4. Wenn die Zwiebeln weich und glasig sind, mit Stärke bestäuben.

5. Sojamilch und Brühwürfel hinzugeben, umrühren und alles mit einem Stabmixer pürieren. Kombu-Dashi-Pulver hinzufügen und mit Salz abschmecken.

6. Den Tofu in kleine Würfel schneiden und zusammen mit Brokkoli und Karotten in den Topf geben. Unter Rühren köcheln lassen, bis der Eintopf etwas eindickt.

7. Noch heiß servieren. Optional mit Sesam garnieren und Reis dazu reichen.

TERIYAKI TŌFU DON

SAISON **HERBST**
ZUBEREITUNG **10 MINUTEN**
KOCHZEIT **15 MINUTEN**
REZEPT FÜR **2 PORTIONEN**

IN JAPAN WIRD TOFU AM HÄUFIGSTEN IN SEINER NATURBELASSENEN FORM ALS SEIDENTOFU MIT EINEM SCHUSS SOJASAUCE GEGESSEN. SO KENNE ICH IHN SEIT KINDERTAGEN UND HABE IHN IMMER SO GEGESSEN. BIS ICH ERST SPÄTER, ALS ICH VEGANERIN WURDE, DEN FESTEN TOFU ENTDECKT HABE. DANK SEINER TEXTUR, DIE EIN WENIG AN HÜHNCHEN ERINNERT, UND AUFGRUND SEINES HOHEN PROTEINGEHALTES IST ER EINE SEHR GUTE ALTERNATIVE ZU FLEISCH.

1 kleine Zwiebel
4 EL neutrales Pflanzenöl
450 g fester Tofu (am besten aus einem asiatischen Lebensmittelladen, er ist weniger trocken)
4 EL Kartoffelstärke
Sesamöl
100 ml Teriyaki-Sauce (Rezept S. 24)
2 Portionen gekochter Reis (ca. 300 g)

FÜR DAS DRESSING

japanische Mayonnaise (Rezept S. 30, optional)
2 TL weiße Sesamsamen
1 Handvoll Daikonsprossen oder 1 Frühlingszwiebel

1. Die Zwiebel klein schneiden und in einer heißen Pfanne in 2 EL Öl kurz anbraten. Aus der Pfanne nehmen und beiseitestellen.

2. Den Tofu in mundgerechte Stücke schneiden, in eine Schüssel geben und mit Kartoffelstärke bestäuben. Gut vermengen, damit alle Tofustücke rundum mit Stärke bedeckt sind.

3. 2 EL Öl in einer Pfanne erhitzen und die Tofustücke darin sautieren, bis sie eine schöne Bräunung haben.

4. Mit Sesamöl beträufeln und die angebratenen Zwiebeln hinzufügen.

5. Die Hitze reduzieren und die Teriyaki-Sauce hinzugießen. Gut durchmischen.

6. Zwei Schalen mit Reis befüllen und die Tofustücke oben auflegen. Mit Mayonnaise, Sesam, Daikonsprossen oder Frühlingszwiebelringen garnieren.

SHŌYU RAMEN MIT KNOBLAUCH

SHŌYU-RAMEN IST EIN KLASSIKER UNTER DEN VERSCHIEDENEN RAMEN. TRADITIONELL WIRD DIE BRÜHE AUS HÜHNERKNOCHEN GEKOCHT, ABER ICH INTERPRETIERE SIE NEU, INDEM ICH ALGEN UND KOKOSÖL (FÜR DEN CHARAKTERISTISCHEN FETTGESCHMACK) VERWENDE.

SAISON **HERBST**
ZUBEREITUNG **20 MINUTEN**
KOCHZEIT **1 STUNDE**
REZEPT FÜR **2 PORTIONEN**

FÜR DIE BRÜHE

35 g Knoblauch, geschält
2 EL neutrales Pflanzenöl
35 ml Sojasauce
16 g Kombu-Dashi-Pulver oder Kombu-Dashi, (Rezept S. 14)
20 g Kokosöl (desodoriert)

FÜR DIE TOPPINGS

100 g fester Räuchertofu
1 Frühlingszwiebel
2 EL Sesamöl
2 große Handvoll Sojasprossen
1 Blatt Nori-Alge
1 Handvoll Menma (Bambussprossenstreifen)

FÜR DIE NUDELN

2 Portionen Ramen-Nudeln (Instant oder frisch)

1. Für die Brühe den Knoblauch mit Öl bepinseln und in Alufolie einwickeln. Die Folie gut verschließen und 1 Stunde lang bei 180 °C im Backofen braten.

2. Für die Toppings Tofu und das Grün der Frühlingszwiebel in dünne Streifen schneiden. Den Tofu in einer heißen Pfanne mit Sesamöl anbraten. Wenn er angebräunt ist, herausnehmen und beiseitestellen.

3. Die Sojasprossen auch leicht anschwitzen, bis sie weich sind, und beiseitestellen. Das Nori-Blatt in zwei Hälften schneiden.

4. Alle Brühe-Zutaten, auch den gerösteten Knoblauch, auf zwei Schalen aufteilen. Jeweils mit 300 ml kochendem Wasser übergießen.

5. Die Nudeln kochen. Wenn sie gar sind, abschütten und Nudeln vorsichtig auf die beiden Schalen verteilen.

6. Mit den Toppings garnieren und das Ramen heiß servieren.

MABO DŌFU

SAISON **HERBST**
ZUBEREITUNG **20 MINUTEN**
KOCHZEIT **5 MINUTEN**
REZEPT FÜR **2–3 PORTIONEN**

SCHARFE UND BITTERE AROMEN HABE ICH ERST IM LAUFE DER ZEIT SCHÄTZEN GELERNT. MAN SAGT JA, DASS SICH MIT ZUNEHMENDEM ALTER UNSERE GESCHMACKSVORLIEBEN VERÄNDERN. BEI MIR TRIFFT DAS ZU, DENN ICH HABE MICH VON EINER NASCHKATZE ZU EINER LIEBHABERIN DES PIKANTEN GEWANDELT. ICH EXPERIMENTIERE GERNE MIT SCHARFEN SAUCEN UND PROBIERE NEUE SCHARFE GEWÜRZE AUS. MEINE FAVORITEN SIND GOCHUJANG-CHILIPASTE AUS KOREA UND SZECHUAN-PFEFFER AUS CHINA.

MABO DŌFU (ODER MAPO TŌFU), EIN GERICHT CHINESISCHEN URSPRUNGS, DAS NACH JAPAN GELANGTE, IST MEIN SCHARFER FAVORIT. TRADITIONELL WIRD ES MIT GROSSEN TOFUSTÜCKEN, SCHWEINEFLEISCH UND EINER SEHR SCHARFEN SAUCE AUS CHINESISCHEM SZECHUANPFEFFER ZUBEREITET. IN DER JAPANISCHEN VERSION IST DIE SAUCE ETWAS MILDER UND MABO DŌFU WIRD MEIST ZUSAMMEN MIT REIS SERVIERT.

- 230 g Tofu, Seidentofu oder fester Tofu (ich empfehle den Seidentofu der Marke Morinaga®)
- 2 Knoblauchzehen
- 3 cm frischer Ingwer (5 g)
- 1,5 EL neutrales Pflanzenöl
- 2 Frühlingszwiebeln
- 100 g veganes Hack oder Sojaschnetzel (eingeweicht)
- 1 TL weiße Sesamsamen
- 2 Prisen Shichimi-Tōgarashi-Gewürz
- 2–3 Portionen gekochter Reis

FÜR DIE SAUCE

- 30 g Doubanjiang* (Chili-Bohnen-Paste)
- 15 g Paste aus schwarzen Bohnen*
- 10 g Crispy Chili Oil*
- 15 ml Mirin
- 1 TL Sojasauce
- 1 EL Zucker
- ½ TL Gochujang (rote Pfefferpaste)
- 20 ml Sesamöl
- 7 g Kartoffelstärke

1. In einer Schüssel Doubanjiang, schwarze Bohnenpaste, Crispy Chili Öl, Mirin, Sojasauce, Zucker, Gochujang und Sesamöl vermischen. In einer Tasse die Speisestärke in 120 ml kaltem (wichtig!) Wasser auflösen. Die gelöste Stärke zu den anderen Zutaten in die Schüssel gießen.

2. Den Tofu in große Würfel schneiden und beiseitestellen.

3. Knoblauch und Ingwer klein hacken, das Grün der Frühlingszwiebeln in feine Ringe schneiden. Ein paar Zwiebelringe für die Garnitur aufbewahren. Knoblauch, Ingwer und Zwiebeln in einer Pfanne bei mittlerer Hitze etwa 1–2 Minuten in Öl anbraten, anschließend das Hack (oder die eingeweichten Sojaschnetzel) hinzufügen.

4. Bei schwacher Hitze köcheln lassen, die Gewürzsaucen-Mischung hinzufügen und gut umrühren. Auch die Tofuwürfel vorsichtig untermischen. Alles nicht zu lange köcheln, da die Sauce sonst einkocht und zu scharf wird. Bei Bedarf mit etwas Wasser verdünnen.

5. Zum Anrichten in einen tiefen Teller geben, mit Sesamkörnern und den restlichen Frühlingszwiebelringen bestreuen. Jede Portion mit einer Prise Togarashi abrunden.

6. Heiß mit einer Schale Naturreis servieren.

* *Ich empfehle die Marke Laoganma®, die mit vielen veganen Produkten in asiatischen Lebensmittelgeschäften vertreten ist.

KITSUNE UDON

SAISON **HERBST**
ZUBEREITUNG **10 MINUTEN**
KOCHZEIT **15 MINUTEN**
REZEPT FÜR **2 PORTIONEN**

KITSUNE **BEDEUTET IM JAPANISCHEN »FUCHS«. ES GIBT MEHRERE LEGENDEN, WIE DIESES GERICHT ZU SEINEM NAMEN KAM. DIE JAPANISCHE FOLKLORE ENTHÄLT VIELE ERZÄHLUNGEN, IN DENEN FÜCHSE EINE VORLIEBE FÜR ABURAAGE (FRITTIERTEN TOFU) HABEN. AUCH KÖNNTE DIE GOLDBRAUNE FARBE DES TOFUS, DIE AN DAS FELL EINES FUCHSES ERINNERT, NAMENSGEBEND GEWESEN SEIN. SICHER IST, DASS KITSUNE UDON EINES DER BELIEBTESTEN NUDELGERICHTE JAPANS IST UND SOWOHL HEISS IN DER KALTEN JAHRESZEIT ALS AUCH KALT IM SOMMER SERVIERT WIRD.**

FÜR DIE BRÜHE

100 ml konzentriertes Mentsuyu (Rezept S. 26)

FÜR DIE NUDELN

2 Portionen Udon-Nudeln (Rezept S. 27)

FÜR DAS TOPPING

1 Stängel Frühlingszwiebel

5 cm weißer Daikon (Winterrettich)

4 Inari-Tofu-Taschen

2 TL Shichimi-Tōgarashi-Gewürz

1. Zunächst die Toppings vorbereiten. Das Grün der Frühlingszwiebel in feine Ringe schneiden. Den Rettich schälen und sehr fein raspeln. Jede Tofutasche in zwei Hälften schneiden.
2. Udon-Nudeln nach Anleitung (S. 28) kochen. Inzwischen 200–300 ml Wasser erhitzen.
3. Mentsuyu in zwei Schalen füllen und mit sehr heißem Wasser aufgießen. Für eine konzentriertere Brühe etwa 100 ml Wasser aufgießen, für eine mildere Version 150 ml heißes Wasser pro Schale verwenden.
4. Die Nudeln am Ende der Kochzeit abgießen und auf die beiden Schalen verteilen. Inari-Tofu dazugeben, mit Frühlingszwiebelringen, Daikon und etwas Shichimi bestreuen.
5. Heiß servieren!

くだもの
果物
NE

野菜ロード
VORSPEISEN & BEILAGEN

MISO SHIRU (MISO-SUPPE)

SAISON **WINTER**
ZUBEREITUNG **10 MINUTEN**
KOCHZEIT **10 MINUTEN**
REZEPT FÜR **3–4 PORTIONEN**

MISO SHIRU GEHÖRT EINFACH ZU JEDER JAPANISCHEN MAHLZEIT DAZU. ICH PERSÖNLICH LIEBE SIE, DA SIE WÄRMEND UND SEHR GESUND IST. TRADITIONELLE EINLAGEN SIND SEIDENTOFU, WAKAME-ALGEN UND NAMEKO-PILZE, ABER MAN VERWENDET AUCH GEMÜSE WIE KARTOFFELN ODER DAIKON.

200 ml Kombu-Dashi (Rezept S. 14)

200 ml Shiitake-Dashi (Rezept S. 14)

2 cm frischer Ingwer

180 g Seidentofu

2 Prisen getrocknete Wakame-Algen

80 g rote Misopaste

1 TL weißes Tahin

ALS EINLAGE (OPTIONAL)

Schnittlauch

Kartoffeln

Daikon (Winterrettich)

1. Die beiden Dashis in einen Topf gießen und auf mittlerer Stufe erhitzen.

2. Ingwer in Scheiben und Tofu in kleine Stücke schneiden und hinzugeben. Wakame einstreuen und aufquellen lassen.

3. Die Hitze reduzieren, Miso und Tahin durch ein kleines Sieb in die Brühe drücken und anschließend umrühren, bis sich alles vollständig aufgelöst hat.

4. Nach Belieben mit Schnittlauch, gekochten Kartoffeln oder Daikon servieren. Es empfiehlt sich, den Ingwer vor dem Anrichten zu entfernen.

* Je nach Hersteller unterscheidet sich Miso in Geschmack und Konzentration. Daher sollte die Zugabe von Miso entsprechend angepasst werden. Etwas mehr Miso hinzufügen für mehr Würze oder mit Wasser verdünnen, wenn die Suppe zu pikant ist.

NIKUJAGA

SAISON **WINTER**
ZUBEREITUNG **15 MINUTEN**
KOCHZEIT **35 MINUTEN**
REZEPT FÜR **3–4 PORTIONEN**

***NIKU* HEISST »FLEISCH« UND *JAGA* IST DIE ABKÜRZUNG VON *JAGAIMO*, WAS »KARTOFFEL« BEDEUTET. NIKUJAGA IST DIE JAPANISCHE VERSION DES ENGLISCHEN STEWS. DAS GERICHT WURDE IM 19. JAHRHUNDERT KREIERT UND IST SOMIT EINES DER ALLERERSTEN *YŌSHOKU*-GERICHTE!**

ES IST GESUND, SCHMACKHAFT UND LEICHT ZUZUBEREITEN UND ZÄHLT FÜR MICH ZU DEN COMFORT FOODS. DAS GEHEIMNIS LIEGT IM UMAMI DES DASHI UND DER AUSGEWOGENHEIT ZWISCHEN DER WÜRZE DER SOJASAUCE UND DER SÜSSE DES MIRIN.

- 80 g Sojaschnetzel (eingeweicht)
- 2 große Zwiebeln
- neutrales Pflanzenöl
- 1 Prise Salz
- 4–5 große Kartoffeln
- 1 große Karotte
- 1 Packung Konjak-Nudeln (ca. 200 g)
- 1 große Handvoll Zuckererbsenschoten

FÜR DIE SAUCE

- 4 EL Sake
- 4 EL Zucker
- 4 EL Mirin
- 6 EL Sojasauce
- 1 EL Kombu-Dashi-Pulver

1. Die Sojaschnetzel in der dreifachen Menge Wasser einweichen. Die Zwiebeln in dicke Ringe schneiden. Öl in einer Pfanne mit hohem Rand erhitzen und die Zwiebeln darin anschwitzen. Wenn sie zu bräunen beginnen, Salz hinzufügen und die Hitze reduzieren. Zugedeckt ziehen lassen, darauf achten, dass die Zwiebeln nicht anbrennen.

2. Kartoffeln und Karotte waschen, schälen und in mittelgroße Stücke schneiden. Die Konjaknudeln mit kaltem Wasser abspülen und abtropfen lassen.

3. Die Sojaschnetzel abgießen und fest ausdrücken. Kartoffeln, Karotte, Nudeln und Sojaschnetzel in die Pfanne zu den Zwiebeln geben und gut vermischen. Für einige Minuten sautieren. Mit 400 ml Wasser aufgießen und die Saucen-Zutaten nach und nach hinzufügen.

4. Alles zum Kochen bringen. Den beim Kochen auf der Oberfläche entstehenden Schaum mit einer Schaumkelle abschöpfen. Die Hitze reduzieren und alles etwa 20 Minuten zugedeckt köcheln lassen.

5. Wenn die Kartoffeln weich sind und die Flüssigkeit fast vollständig eingekocht ist, die Pfanne vom Herd nehmen und den Topf weitere 10 Minuten zugedeckt stehen lassen. Je nach Vorliebe etwas Wasser oder Sojasauce hinzufügen.

6. Die Zuckerschoten in einen Topf mit kochendem Wasser geben und blanchieren. Abseihen und der Länge nach halbieren.

7. Nikujaga in tiefen Tellern servieren und die Zuckerschoten in einer separaten Schale dazu reichen.

* Nikujaga schmeckt auch am nächsten Tag aufgewärmt ganz köstlich – fast noch besser!

CORN SOUP

SAISON WINTER
ZUBEREITUNG 5 MINUTEN
KOCHZEIT 10 MINUTEN
REZEPT FÜR 2–3 PORTIONEN

CORN SOUP (MAN SAGT IM JAPANISCHEN »*KŌN SŪPU*«) IST – WIE DER NAME SCHON VERMUTEN LÄSST – KEINE TRADITIONELL JAPANISCHE SUPPE. DAS GERICHT KAM AUS ENGLAND NACH JAPAN UND WIRD ZU HAUSE OFT ALS INSTANT-SUPPE ZUBEREITET. NATÜRLICH WIRD SIE AUCH IN DEN *FAMIRESU* SERVIERT. DIE LEICHT SÜSSLICHE UND SEHR LECKERE SUPPE WECKT BEI MIR SCHÖNE KINDHEITSERINNERUNGEN.

- 1 Zwiebel
- 30 g Margarine oder neutrales Pflanzenöl
- 1 Gemüsebrühwürfel (6 g)
- 30 g Mehl
- 250 g Mais aus der Dose
- 360 ml Pflanzenmilch (ich empfehle Hafermilch der Marke Oatly® oder eine Sojamilch)
- ½ TL Kombu-Dashi-Pulver
- 1 TL Salz
- 2 Prisen Pfeffer

1. Die Zwiebel in dünne Streifen (à la Julienne) schneiden und in einem Topf bei mittlerer Hitze in Margarine oder Öl weich dünsten.
2. Den Brühwürfel in 250 ml heißem Wasser auflösen.
3. Wenn die Zwiebelstreifen glasig sind, mit Mehl bestäuben und gut umrühren.
4. Mit Brühe aufgießen, den Mais hinzufügen und bei schwacher Hitze kurz köcheln lassen. Vom Herd nehmen und mit einem Stabmixer pürieren.
5. Alles durch ein Sieb in einen weiteren Topf gießen, um die Stücke zu entfernen.
6. Pflanzenmilch und Dashi hinzufügen, mit Salz und Pfeffer abschmecken. Kurz aufkochen und heiß servieren.

KARAAGE

SAISON **WINTER**
ZUBEREITUNG **10 MINUTEN**
RUHEZEIT **15 MINUTEN**
ZIEHZEIT **12 STUNDEN**
KOCHZEIT **10 MINUTEN**
REZEPT FÜR **2 PORTIONEN**

KARAAGE IST JAPANISCHES FRITTIERTES HÄHNCHEN. ES WIRD ÜBER NACHT IN EINER MARINADE AUS SOJASAUCE, ZUCKER UND KNOBLAUCH EINGELEGT, DANN IN KARTOFFELSTÄRKE GEWENDET UND FRITTIERT. ES IST EIN SEHR BELIEBTES ESSEN IN JAPAN UND KOMMT IN VIELE BENTOS. ES WIRD MIT MAYONNAISE ODER EINFACH NUR MIT EINEM SPRITZER ZITRONENSAFT GENOSSEN.

DAS HÄHNCHENFLEISCH KANN HEUTE SEHR GUT DURCH SOJAPRODUKTE ERSETZT WERDEN, DIE DEM HUHN GESCHMACKLICH SEHR NAHE KOMMEN. FLEISCHIMITATE AUS SOJA FINDET MAN IN VIELEN SUPERMÄRKTEN, IN BIOLÄDEN UND REFORMHÄUSERN. ICH EMPFEHLE SOJAMEDAILLONS (Z.B. DER MARKE VANTASTIC FOODS®), DIE SICH IN FORM UND GRÖSSE AM BESTEN FÜR VEGANES KARAAGE EIGNEN.

8–10 Sojamedaillons
150 g Öl zum Frittieren

FÜR DIE MARINADE

2 Knoblauchzehen
4 EL Sake
4 EL Sojasauce
4 EL Zucker
1 EL Sesamöl

FÜR DIE PANADE

2 EL Mehl
1,5 EL Kartoffelstärke
1 TL Shichimi-Tōgarashi-Gewürz (optional)

ZUM SERVIEREN

Zitronensaft
japanische Mayonnaise

1. Die Sojamedaillons für 15 Minuten in der dreifachen Menge Wasser einweichen. Nach dem Aufquellen auswringen und auf ein Küchenpapier legen.

2. Die Knoblauchzehen zerdrücken. Knoblauch, Sake, Sojasauce und Zucker in einen Gefrierbeutel mit Verschlussleiste geben, die Medaillons hinzufügen und vorsichtig mit der Marinade vermischen. Sesamöl hinzugießen und den Beutel luftdicht verschließen. Über Nacht im Kühlschrank marinieren.

3. Die Sojamedaillons am nächsten Tag herausnehmen, überschüssige Marinade abtropfen lassen.

4. Mehl, Kartoffelstärke und Tōgarashi in einer großen Schale vermischen und die Medaillons darin wälzen.

5. In einer Pfanne mit hohem Rand das Öl erhitzen. Die Medaillons von beiden Seiten anbraten, bis sie schön braun und knusprig sind. Mit einem Schaumlöffel herausnehmen und auf ein Küchenpapier oder ein Gitter legen, um überschüssiges Öl abtropfen zu lassen.

6. Heiß mit etwas Zitrone und/oder Mayonnaise servieren.

RENKON NO SUNOMONO (EINGELEGTER RENKON)

SAISON **WINTER**
ZUBEREITUNG **10 MINUTEN**
RUHEZEIT **15 MINUTEN**
ZIEHZEIT **12 STUNDEN**
KOCHZEIT **1 MINUTE**
REZEPT FÜR **2 PORTIONEN**

150 g Renkon (Lotuswurzel)*
25 g Zucker
200 ml Reisessig
2 große Prisen Salz
1 Stück Kombu-Alge, ca. 10 x 10 cm
Yuzu-Zesten (optional)

ICH LIEBE RENKON, AUCH LOTUSWURZEL GENANNT, WEGEN SEINER KNACKIGEN TEXTUR, WEIL ER GESUND IST, UND VOR ALLEM, WEIL MAN IHN AUF SO VIELE VERSCHIEDENE ARTEN ZUBEREITEN KANN. EINE MEINER LIEBLINGSVARIANTEN IST DIE EINGELEGTE VERSION, DIE MAN IN JAPAN *SUNOMONO* NENNT.

RENKON SUNOMONO KOMMT TRADITIONELL ZU DEN NEUJAHRSFEIERN AUF DEN TISCH. ES IST BRAUCH, DIE NEUJAHRSGERICHTE *(OSECHI)* FARBENFROH IN SCHACHTELN, ÄHNLICH EINEM BENTO, ZUSAMMENZUSTELLEN. DIE KLEINEN RÄDCHEN SOLLEN GLÜCK BRINGEN UND ES HEISST, DURCH IHRE LÖCHER KÖNNE MAN IN DIE ZUKUNFT SCHAUEN.

1. Renkon zuerst in etwa 5 cm lange Stücke schneiden. Sie sollten handtellergroß sein. An der Außenseite rundherum zwischen den natürlichen Löchern des Renkons v-förmige Einkerbungen herausschneiden. Die gesamten Außenkonturen des Renkons um die natürlichen Löcher herum so nachschnitzen, dass sie wie eine Blume aussehen.

2. Anschließend in sehr dünne Scheiben schneiden. Die Scheiben in eine große Schüssel mit kaltem Wasser geben und zehn Minuten stehen lassen, danach abschütten.

3. Zucker, Essig und Salz in einen Topf geben und zum Kochen bringen. Bei reduzierter Hitze 1 Minute kochen, den Herd ausschalten. Die Kombu-Alge hinzufügen, den Topf vom Herd nehmen und abkühlen lassen.

4. Renkon mit der Mischung übergießen. Yuzu-Zesten darüberstreuen. Über Nacht im Kühlschrank in einer luftdichten Box ziehen lassen.

5. Am nächsten Tag die Kombu-Alge entfernen. Die Renkon-Ringe sind jetzt verzehrfertig.

* Wenn Sie den eingelegten Renkon für später aufheben möchten, die Marinade abgießen, damit er nicht zu viel davon aufsaugt.

* *Wenn Sie keinen frischen Renkon finden, verwenden Sie einfach tiefgefrorenen, der in Asia-Läden in vorgeschnittenen Scheiben erhältlich ist. Einfach in einem heißen Wasserbad auftauen und anschließend jede Scheibe blumenförmig zuschneiden.

KIMCHI

SAISON **WINTER**
ZUBEREITUNG **20 MINUTEN**
RUHEZEIT **4–4,5 STUNDEN**
KOCHZEIT **10 MINUTEN**
FERMENTATION **5 TAGE**
REZEPT FÜR **2 KG KIMCHI**

KIMCHI IST TRADITIONELL KOREANISCH, GEHÖRT ABER HEUTE AUCH IN JAPAN ZU DEN WEIT VERBREITETEN BEILAGEN. DIE JAPANISCHE VERSION IST NICHT IMMER FERMENTIERT, DANN HAT SIE WENIGER SÄURE. ICH FINDE ALLERDINGS, DASS DAS FERMENTIEREN DEM KIMCHI EINE ANGENEHME NOTE VERLEIHT, UND STELLE DESHALB EINE FERMENTIERTE VARIANTE VOR. DIESE MÜSSEN SIE ALLERDINGS EIN PAAR TAGE STEHEN LASSEN, DAMIT SIE IHREN VOLLEN GESCHMACK ENTFALTET!

- 1 Chinakohl (ca. 3 kg)
- 130 g grobes Salz
- 4 getrocknete Shiitake-Pilze
- 1 Stück Kombu-Alge, ca. 12 x 12 cm
- 15 g Reismehl
- 4 Knoblauchzehen
- 30 g Ingwer
- 5 g feines Salz
- 200 g Apfelmus
- 125 g Gochugaru-Chili
- 1 Karotte
- 250 g Daikon (Winterrettich)
- 4 Frühlingszwiebeln
- 2 EL geröstete weiße Sesamsamen

1. Den Chinakohl vierteln und den Strunk herausschneiden. Die Blätter in Stücke schneiden und in einem großen Sieb kurz abspülen. In eine große Schüssel geben und mit Salz bestreuen. Mit der Hand gut durchmischen, damit alle Blätter mit Salz in Kontakt kommen. 3 Stunden ruhen lassen.

2. Nach der Ruhezeit müssen alle Blätter weich geworden sein. Wenn sie noch immer knackig sind, weitere 30 Minuten stehen lassen.

3. Die Blätter in ein Sieb geben und unter fließendem Wasser gründlich abspülen. Den Vorgang vier- bis fünfmal wiederholen, bis alles Salz gründlich entfernt ist. Für mindestens 1 Stunde im Sieb abtropfen lassen, anschließend den Kohl in eine große Schüssel geben.

4. Für die Zubereitung der Sauce 350 ml Wasser, Shiitake und Kombu-Alge in einen Topf geben und zum Kochen bringen. Sobald das Wasser kocht, die Alge herausnehmen. Den Herd ausschalten, die Shiitake noch 10 Minuten ziehen lassen und herausnehmen. Die Brühe vollständig abkühlen lassen.

5. In die kalte Brühe das Reismehl einrühren. Wieder zum Kochen bringen und mit einem Schneebesen gut verrühren, bis die Flüssigkeit eindickt. In eine Schüssel geben und Knoblauch, Ingwer, Salz, Apfelmus und Chili hinzufügen. Mit einem Pürierstab oder in einem Mixer pürieren.

6. Karotte und Daikon waschen, schälen und in feine Stifte schneiden. Das Grün der Frühlingszwiebeln in schmale Ringe schneiden. Das Gemüse in die Würzmischung geben und gut durchmischen, über den Chinakohl gießen, Sesam hinzufügen und mit der Hand gut vermengen. Es empfiehlt sich, Handschuhe zu tragen, denn die Sauce ist scharf.

7. In ein luftdichtes Glas füllen und mindestens 5 Tage bei Raumtemperatur fermentieren lassen. Nach der Fermentierung im Kühlschrank aufbewahren.

HANBĀGU

SAISON **FRÜHLING**
ZUBEREITUNG **20 MINUTEN**
KOCHZEIT **10 MINUTEN**
REZEPT FÜR **6 STÜCK**

HANBĀGU (DER ANKLANG AN »HAMBURGER« IST NICHT ZU ÜBERHÖREN) IST EINER DER KLASSIKER UNTER DEN *YŌSHOKU*. MAN FINDET IHN OFT AUF DER SPEISEKARTE DER *FAMIRESU*. ES HANDELT SICH UM EIN HACKSTEAK NACH JAPANISCHER ART MIT EINER ZARTEN, SAFTIGEN TEXTUR, DAS MIT EINER DEMI-GLACE-SAUCE SERVIERT WIRD. IDEAL FÜR EIN BENTO UND HERVORRAGEND ZU REIS.

2 Zwiebeln
4 frische Shiitake-Pilze
1,5 EL neutrales Pflanzenöl
100 g fester Tofu
60 g Seidentofu
150 g Sojaschnetzel (eingeweicht) oder veganes Hack
50 g Sojacreme
20 g Panko (japanisches Paniermehl)
45 g Weizenmehl
4 g Kombu-Dashi-Pulver
½ TL Salz
¼ TL Pfeffer
4–5 EL Demi-Glace-Sauce (Rezept S. 20)
gekochter Reis zum Servieren

1. Zwiebeln und Shiitake in kleine Würfel schneiden. In einer Pfanne mit etwas Öl bei mittlerer Hitze sautieren.

2. Die beiden Tofusorten in Würfel schneiden und mit den Sojaschnetzeln und der Sojacreme in eine große Schüssel geben. Zwiebeln und Shiitake aus der Pfanne hinzufügen und alles mit der Hand gut vermengen, bis eine homogene Masse entsteht.

3. Panko, Mehl, Dashi-Pulver, Salz und Pfeffer hinzugeben und nochmals gut durchmischen.

4. In sechs Portionen teilen, daraus Kugeln formen und anschließend flach drücken. Die Hanbāgu in einer beschichteten Pfanne in etwas Öl etwa 5 Minuten von jeder Seite braten.

5. Mit Demi-Glace-Sauce und einer Schale Reis servieren.

* Hanbāgu sind wunderbar für ein Bento geeignet, da sie auch kalt sehr lecker schmecken!

HIYAYAKKO (KALTER TOFU)

SAISON **FRÜHLING**
ZUBEREITUNG **10 MINUTEN**
KOCHZEIT **5 MINUTEN**
KÜHLZEIT **1 STUNDE**
REZEPT FÜR **2 PORTIONEN**

SEIDENTOFU WIRD HIERZULANDE SELTEN IN REINFORM VERZEHRT. AUCH WENN MAN SICH SCHON LANGE VEGAN ODER VEGETARISCH ERNÄHRT, IST DAS EHER UNÜBLICH. SEIDENTOFU WIRD IN DER REGEL ALS ERSATZ FÜR EI BEIM BACKEN VERWENDET. IN JAPAN JEDOCH IST ES WEIT VERBREITET, EINEN AUS HOCHWERTIGEN SOJABOHNEN HERGESTELLTEN SEIDENTOFU EINFACH NUR MIT SOJASAUCE ZU GENIESSEN. EIN SEHR FRISCHER UND GESUNDER IMBISS!

1-2 Frühlingszwiebeln
10 g frischer Ingwer
5 cm Daikon (Winterrettich)
2 Blöcke Seidentofu (ca. 300 g)
2 TL geröstete weiße Sesamsamen
1 TL Rayu-Öl (optional)

FÜR DIE SAUCE
40 ml Mirin
10 ml Sake
150 ml Sojasauce
1 Stück Kombu-Alge, ca. 5 x 5 cm

1. Für die Sauce Mirin und Sake in einem kleinen Topf zum Kochen bringen. Die Hitze reduzieren und 2 Minuten köcheln lassen, damit der Alkohol verdampft. Vom Herd nehmen, Sojasauce und Kombu-Alge hinzufügen. Abkühlen lassen und für mindestens 1 Stunde in den Kühlschrank stellen.

2. Das Grün der Frühlingszwiebeln in feine Ringe schneiden, Ingwer reiben und Daikon fein raspeln.

3. Die Sauce aus dem Kühlschrank nehmen, Ingwer hinzufügen und verrühren.

4. Je einen Tofublock auf einen Teller geben und mit der Sauce in der jeweils gewünschten Menge begießen. Frühlingszwiebelringe und Daikonraspel obenauf geben. Mit Sesamsamen bestreuen und für die Würze mit einem kleinen Schuss Rayu-Öl beträufeln.

5. Kühl servieren.

POTETO SALADA (KARTOFFELSALAT)

SAISON **FRÜHLING**
ZUBEREITUNG **15 MINUTEN**
KOCHZEIT **8–10 MINUTEN**
KÜHLZEIT **30 MINUTEN**
REZEPT FÜR **2–3 PORTIONEN**

POTETO SALADA KAM VOR ÜBER 100 JAHREN, IN DER MEIJI-ZEIT, NACH JAPAN. VORBILD SIND RUSSISCHE VERSIONEN, DIE AUS KARTOFFELN, FLEISCH, HART GEKOCHTEN EIERN, MAYONNAISE, ERBSEN UND GEWÜRZGURKEN BESTEHEN.

IN JAPAN WIRD DER KARTOFFELSALAT WENIGER SÄUERLICH ZUBEREITET UND ER ENTHÄLT GURKE, SCHINKEN, HART GEKOCHTE EIER, TOMATEN UND MAIS. DIE JAPANISCHE MAYONNAISE IST MILDER ALS DIE EUROPÄISCHEN VERSIONEN, SIE VERLEIHT DEM SALAT DAHER EINE LEICHT SÜSSLICHE NOTE.

2 große Kartoffeln
160 g Salatgurke
3 g grobes Salz
1 kleine Tomate (ca. 80 g)
40 g Mais aus der Dose
60 g japanische Mayonnaise (Rezept S. 30)
4 Prisen Salz

1. Die Kartoffeln waschen, schälen und in mittelgroße Stücke schneiden. In einen Topf mit Wasser geben und zum Kochen bringen. Etwa 8–10 Minuten kochen, Garprobe mit einer Gabel machen. Das Wasser abgießen und die Kartoffeln mit einem Kartoffelstampfer zerdrücken. Beiseitestellen und abkühlen lassen.

2. Die Gurke der Länge nach vierteln und die Kerne entfernen. In dünne Streifen schneiden, in eine Schüssel geben, mit dem groben Salz bestreuen und beiseitestellen.

3. Die Tomaten vierteln, Kerne entfernen und das feste Fruchtfleisch in Würfel schneiden.

4. Das Salz von den Gurken abspülen, die Gurkenstreifen abtropfen lassen und mit der Hand auswringen.

5. Zusammen mit den Kartoffeln in eine Schüssel geben, Mais und Tomatenwürfel hinzufügen und gut vermischen. Für 30 Minuten kühl stellen.

6. Vor dem Servieren die Mayonnaise einrühren und mit Salz abschmecken.

NASU DENGAKU

SAISON **SOMMER**
ZUBEREITUNG **10 MINUTEN**
KOCHZEIT **15-20 MINUTEN**
REZEPT FÜR **2 PORTIONEN**

DIE AUBERGINE IST EINE DER BELIEBTESTEN GEMÜSESORTEN IN JAPAN. DIE KLASSISCHSTE ART DER ZUBEREITUNG IST ALS *DENGAKU*, D.H. MIT MISO-GLASUR BESTRICHEN. MAN KANN *DENGAKU* MIT VIELEN GEMÜSESORTEN ODER AUCH MIT TOFU ZUBEREITEN, ABER ICH FINDE, DASS AUBERGINEN BESONDERS GUT MIT DEM UMAMI VON MISO HARMONIEREN. ICH FÜGE GERNE NOCH CASHEWKERNE HINZU, UM DIE AUBERGINEN MIT ETWAS KNUSPRIGEM ABZURUNDEN.

1 kleine Handvoll Cashewkerne
2 Auberginen
5–6 EL neutrales Pflanzenöl
4 EL Miso-Glasur (Rezept S. 20)
2 TL weiße Sesamsamen
1 Frühlingszwiebel

1. Cashewkerne im Backofen bei 180 °C 5–10 Minuten rösten. Sie sollten nur leicht gebräunt sein.
2. Die Auberginen der Länge nach halbieren. Das Fruchtfleisch rautenförmig einritzen.
3. Etwas Öl in einer großen Pfanne bei mittlerer Temperatur erhitzen. Die Auberginen mit der Schnittfläche nach unten in die Pfanne legen und zugedeckt etwa 2 Minuten braten.
4. Etwa 2 EL Wasser hinzufügen und zugedeckt weitere 5 Minuten köcheln, bis die Haut der Auberginen weich ist.
5. Die Cashews aus dem Ofen nehmen und abkühlen lassen. Grob zerstoßen und beiseitestellen. Die Temperatur des Backofens auf 200 °C erhöhen.
6. Die Auberginenhälften auf ein mit Backpapier ausgelegtes Backblech legen, mit Öl bestreichen und für etwa 10 Minuten in den Backofen schieben. Immer wieder überprüfen, dass die Oberfläche nicht zu braun wird.
7. Die Auberginen herausnehmen, auf Tellern anrichten und mit Miso-Glasur bestreichen. Mit Sesamsamen, Frühlingszwiebelringen und gehackten Cashewnüssen bestreuen.

SHIRAAE MIT GRÜNEN BOHNEN

SHIRAAE IST EIN BOHNENSALAT MIT TOFU, WEISSEM SESAM UND MISO. DIE SESAMSAMEN WERDEN ZU EINER PASTE GEMAHLEN UND DANN MIT DEM SEIDENTOFU GEMIXT. DIESE BEILAGE IST TEIL DER VEGANEN ERNÄHRUNG *(SHŌJIN RYŌRI)* DER BUDDHISTISCHEN MÖNCHE. SHIRAAE IST REICH AN PROTEINEN, BALLASTSTOFFEN UND ANDEREN NÄHRSTOFFEN. REICH AN ALLEM FÜR KÖRPER UND GEIST!

SAISON **SOMMER**
ZUBEREITUNG **10 MINUTEN**
RUHEZEIT **30 MINUTEN**
KÜHLZEIT **30 MINUTEN**
KOCHZEIT **3–5 MINUTEN**
REZEPT FÜR **2 PORTIONEN**

- 140 g Seidentofu (ich empfehle den Seidentofu der Marke Morinaga®)
- 100 g frische grüne Bohnen
- 1 EL weißes Tahin
- 1 EL Mirin
- 1 TL Sojasauce
- ½ TL weißes Miso
- 1 Prise Salz
- 2 TL weiße Sesamsamen

1. Den Tofu in Küchenpapier einwickeln und auf einen flachen Teller legen. Mit einer Pfanne oder einem Topf beschweren, damit das Wasser austritt. Mindestens 30 Minuten stehen lassen.

2. Die Spitzen der Bohnen abschneiden. Die Bohnen in kochendem Wasser 3–5 Minuten blanchieren, sodass sie bissfest bleiben.

3. Das Kochwasser abgießen, die Bohnen mit kaltem Wasser abschrecken und abtropfen lassen.

4. In einer mittelgroßen Schüssel Tahin, Mirin, Sojasauce und Miso verrühren, bis eine homogene Paste entsteht. Den Tofu hinzufügen und zerdrücken. Gleichmäßig verrühren, es sollen jedoch kleine Tofustückchen übrig bleiben.

5. Die Bohnen in mundgerechte Stücke (etwa 5 cm lang) schneiden und zur Tofumischung in die Schüssel geben. Mit Salz abschmecken.

6. Die Schüssel mit einer Frischhaltefolie überziehen und 30 Minuten im Kühlschrank ruhen lassen.

7. In kleinen tiefen Tellern mit Sesamkörnern bestreut servieren.

GURKEN-TSUKEMONO

TSUKEMONO IST EINGELEGTES GEMÜSE. ES GIBT VIELE VERSCHIEDENE ARTEN VON TSUKEMONO, JE NACHDEM, IN WELCHER LAKE DAS GEMÜSE EINGELEGT WIRD. MAN KANN SALZ, ESSIG, MISO, SAKE ETC. VERWENDEN. DIE TRADITIONELLE HERSTELLUNG IST LANGWIERIG, ABER ES GIBT AUCH EINE SCHNELLERE METHODE, INDEM MAN DAS GEMÜSE IN SALZ EINLEGT UND ANSCHLIESSEND EINIGE STUNDEN IN EINEM DRESSING MARINIERT.

SAISON **SOMMER**
ZUBEREITUNG **10 MINUTEN**
RUHEZEIT **10 MINUTEN**
KÜHLZEIT **3 STUNDEN**
REZEPT FÜR **3–4 PORTIONEN**

- 1 große oder 2 kleine Salatgurken (insgesamt ca. 600 g)
- 2 TL Salz
- 10 g frischer Ingwer
- 100 ml Sojasauce
- 100 ml Reisessig
- 2 EL Sake
- 4 EL brauner Zucker
- 2 EL Sesamöl
- ¼ TL Sansho (gemahlener japanischer Pfeffer)

1. Von den Gurken die Spitzen abschneiden und sie der Länge nach vierteln. Die Kerne mit einem Löffel herausschaben. Das Gurkenfleisch in grobe Stücke schneiden.
2. Die Gurkenstücke in eine Schüssel geben, Salz hinzufügen und gut durchmischen. Etwa 10 Minuten stehen lassen, bis das Gurkenwasser ausgetreten ist.
3. Anschließend in ein Sieb geben und gründlich mit kaltem Wasser abspülen. Abtropfen lassen und das restliche Wasser mit den Händen ausdrücken. Die Gurkenstücke beiseitestellen.
4. Den Ingwer in feine Streifen schneiden.
5. Die übrigen Zutaten zusammen mit dem Ingwer in einer Schüssel vermischen.
6. Die Gurkenstücke in einen Gefrierbeutel mit Verschlussleiste geben und die Marinade hinzugießen. Den Beutel verschließen, dabei darauf achten, dass möglichst viel Luft entweicht. 3 Stunden lang im Kühlschrank ruhen lassen.

* Gekühlt sind die eingelegten Gurken 3 Tage haltbar, aber ich empfehle, sie innerhalb von 1–2 Tagen zu verzehren, da sie sonst an Biss verlieren.

KABOCHA-SUPPE

SAISON **HERBST**
ZUBEREITUNG **10 MINUTEN**
KOCHZEIT **30 MINUTEN**
REZEPT FÜR **4 PORTIONEN**

IM SPÄTHERBST, WENN DIE ERSTEN KALTEN WINDE ÜBER DAS LAND ZIEHEN, GIBT ES NICHTS BESSERES ALS EINE GUTE SUPPE, UM SICH AUFZUWÄRMEN.

UM DAS SPÄTE GEMÜSE DES JAHRES NOCH EINMAL ZU GENIESSEN, EMPFEHLE ICH EINE KABOCHA-SUPPE MIT IHRER SÜSSLICH-NUSSIGEN NOTE. MAN FINDET DEN JAPANISCHEN KABOCHA-KÜRBIS IN BIOLÄDEN ODER ASIATISCHEN LEBENSMITTELGESCHÄFTEN - MITUNTER AUCH IN STÜCKE GESCHNITTEN IM TK-REGAL.

650 g Kabocha-Kürbis
2 Knoblauchzehen
1 kleine Zwiebel
neutrales Pflanzenöl
100 ml Gemüsebrühe
350 ml Sojamilch oder andere Pflanzenmilch
Salz
Pfeffer

1. Den Kürbis in Stücke schneiden und die Schale entfernen. Zusammen mit den geschälten Knoblauchzehen in Alufolie einwickeln.
2. Im Backofen bei 200 °C 30 Minuten garen.
3. Die Zwiebel in Streifen schneiden und bei mittlerer Hitze in einem Topf mit einem Schuss Öl anschwitzen.
4. Die heiße Brühe in den Topf zu den Zwiebeln gießen, ebenso die Milch.
5. Kabocha und Knoblauch aus dem Backofen nehmen und mit in den Topf geben. Mit einem Stabmixer pürieren.
6. Bei schwacher Hitze noch etwas köcheln lassen und nach Belieben mit Salz und Pfeffer abschmecken.

KINPIRA GOBO

SAISON **HERBST**
ZUBEREITUNG **15 MINUTEN**
RUHEZEIT **10 MINUTEN**
KOCHZEIT **10 MINUTEN**
REZEPT FÜR **2 PORTIONEN**

SIE KENNEN *GOBO* NICHT? DAS IST EINE KLETTEN-WURZEL, DIE IN JAPAN SEHR HÄUFIG GEGESSEN WIRD. SIE STAMMT VON DER GROSSEN KLETTE, EINER PFLANZE, DIE VIELE POSITIVE EFFEKTE AUF DIE HAUT HAT. AUCH DIE WURZEL IST SEHR GESUND, DENN SIE WIRKT ENTZÜNDUNGS-HEMMEND UND IST REICH AN ANTIOXIDANTIEN. MAN BEREITET SIE ALS SALAT ZU ODER BRÄT SIE AN UND ISST SIE ZU EINER TRADITIONELLEN HAUPTSPEISE.

***KINPIRA* BEZEICHNET DIE ZUBEREITUNGSMETHODE, BEI DER DIE ZUTATEN ANGEBRATEN UND DANN MIT SOJASAUCE UND ZUCKER GLASIERT WERDEN.**

- 1 ganze frische (ca. 200 g) oder tiefgefrorene Gobo (Klettenwurzel)
- ½ Karotte (ca. 50 g)
- 2 EL Sesamöl
- 2 EL Sake
- 2–3 EL Sojasauce
- 2 EL Mirin
- 1 EL Zucker
- 2 Prisen Salz
- 1 TL Rayu-Öl
- 2 TL geröstete weiße Sesamsamen

1. Die Gobo waschen und mit einem Messer die Schale abschaben. Der Länge nach diagonal in 3 mm dicke Streifen schneiden. Diese Streifen noch einmal in schmale Stifte schneiden (à la Julienne).

2. In eine große Schüssel mit Wasser geben und 10 Minuten stehen lassen, das entzieht der Wurzel die Bitterstoffe.

3. Die Karotte waschen und ebenfalls in feine Stifte (à la Julienne) schneiden.

4. Die Wurzelstreifen in ein Sieb geben und mit kaltem Wasser abspülen.

5. In einer großen Pfanne bei mittlerer Hitze Gobo und Karotten in Sesamöl unter Rühren anbraten, bis das Gemüse weich ist.

6. Sake hinzufügen, umrühren, 1 Minute köcheln, bis der Alkohol verdampft ist.

7. Die restlichen Zutaten (außer Sesamsamen) hinzufügen und rühren, bis die Flüssigkeit vollkommen verdampft ist. Mit Salz abschmecken.

8. Die Pfanne vom Herd nehmen und einige Minuten abkühlen lassen. Anrichten und mit Sesamsamen bestreuen.

* Man kann Kinpira Gobo gleich in größeren Mengen zubereiten und in einem luftdichten Behälter mehrere Tage im Kühlschrank aufbewahren. Es schmeckt auch kalt ganz köstlich!

SENMAIZUKE

SAISON **HERBST**
ZUBEREITUNG **10 MINUTEN**
RUHEZEIT **10 MINUTEN**
KOCHZEIT **5 MINUTEN**
KÜHLZEIT **12 STUNDEN**
REZEPT FÜR **4–5 PORTIONEN**

***SENMAIZUKE* BEDEUTET WÖRTLICH »EINGELEGT IN 1.000 SCHEIBCHEN« UND IST EINE ART TSUKEMONO, EINE ZUBEREITUNG VON IN SALZLAKE EINGELEGTEN RÜBEN. ES IST EINE SPEZIALITÄT AUS KYŌTO, DIE ZU VIELEN TRADITIONELLEN GERICHTEN PASST. MAN KANN DAMIT SOGAR ZWISCHEN DEN UNTERSCHIEDLICHEN GÄNGEN SEINE GESCHMACKSKNOSPEN REINIGEN, UM ANSCHLIESSEND NEUE AROMEN WIEDER VOLL AUFZUNEHMEN. DIESE BEILAGE LIEBE ICH SEIT MEINER KINDHEIT, WAHRSCHEINLICH WEGEN IHRER SÄUERLICHEN NOTE UND IHRER UNWIDERSTEHLICHEN KNACKIGKEIT. HIER STELLE ICH IHNEN EINE VERSION MIT DAIKON (WINTERRETTICH) ANSTATT MIT RÜBEN VOR, SO WIE SIE MEINE MUTTER ZUBEREITET HAT.**

- 1 großer Daikon (400 g)
- 20 g Salz
- 200 ml Reisessig
- 45 g Zucker
- 1 Stück Kombu-Alge, ca. 10 x 10 cm
- 1 getrocknete Chilischote, gehackt

1. Den Daikon schälen und mit einer Mandoline in sehr feine Scheiben schneiden.
2. Die Scheiben in eine große Schüssel mit kaltem Wasser geben und etwa 10 Minuten einweichen. In ein Sieb schütten und abtropfen lassen.
3. Salz, Reisessig und Zucker in einen Topf geben und zum Kochen bringen.
4. Kurz aufkochen, vom Herd nehmen und abkühlen lassen. Kombu-Alge und Chili hinzufügen.
5. Die Essigmischung über die Daikonscheiben gießen. Mit einer Frischhaltefolie abdecken und mindestens eine Nacht im Kühlschrank ziehen lassen.
6. Am nächsten Tag die Kombu-Alge entfernen. Jetzt ist das Senmaizuke servierfertig. Es kann bis zu vier Tage im Kühlschrank aufbewahrt werden.

STREETFOOD

YAKI-ONIGIRI

SAISON **WINTER**
ZUBEREITUNG **20 MINUTEN**
KOCHZEIT **20 MINUTEN**
RUHEZEIT **15 MINUTEN**
REZEPT FÜR **2–3 ONIGIRI**

WENN SIE SCHON EINMAL DAS GLÜCK HATTEN, JAPAN ZU BEREISEN, KENNEN SIE BESTIMMT ONIGIRI. DIESE KLEINEN REISBÄLLCHEN, DIE IN *KONBINI*, DEN RUND UM DIE UHR GEÖFFNETEN JAPANISCHEN MINI-MÄRKTEN, VERKAUFT WERDEN, SIND IN JAPAN SEHR BELIEBT: MAN KANN SIE EINFACH SO ZWISCHENDURCH ESSEN, SIE SIND EIN LECKERER IMBISS FÜR UNTERWEGS UND NOCH DAZU AUSGEWOGEN UND SÄTTIGEND. WENIGER BEKANNT ALS DIE KLASSISCHEN REISDREIECKE SIND YAKI-ONIGIRI. SIE WERDEN MIT SOJASAUCE BESTRICHEN UND GEGRILLT. TRADITIONELL WERDEN YAKI-ONIGIRI AUF *BINCHOTAN*-KOHLE (JAPANISCHER HOLZKOHLE) GERÖSTET, WAS IHNEN EIN BESONDERES RAUCHAROMA VERLEIHT.

FÜR DEN REIS

150 g japanischer Reis
3 Prisen Salz
1–2 EL Reisessig

FÜR DIE SAUCE

1,5 EL Sake
4,5 EL Zucker
6 EL Mirin
6 EL Sojasauce
2–3 Tropfen Flüssigrauch (Liquid Smoke, aus dem Bioladen)

1. Den Reis nach Rezept auf S. 7 kochen.

2. Sake, Zucker und Mirin in einen Topf gießen. Kurz zum Kochen bringen und dann die Sojasauce hinzugeben.

3. Die Hitze reduzieren und 10 Minuten köcheln. Vom Herd nehmen und Flüssigrauch einrühren. Die Sauce abkühlen lassen, bis sie leicht eindickt.

4. Den gegarten Reis 15 Minuten im Topf bei geschlossenem Deckel stehen lassen. Anschließend den Deckel abnehmen und abkühlen lassen.

5. Sobald der Reis nicht mehr zu heiß ist, Salz hinzufügen und mit den Händen durchmischen. Die Handflächen mit Wasser oder Reisessig befeuchten und kleine Kugeln rollen. Anschließend die Kugeln zu zwei oder drei Dreiecken formen.

6. Die Onigiri in einer beschichteten Pfanne von jeder Seite kurz anrösten.

7. Die Hitze reduzieren und die Onigiri mit der Sauce bestreichen. Rösten, bis sie gebräunt und knusprig sind. Heiß genießen!

KUSHIAGE

SAISON **WINTER**
ZUBEREITUNG **20 MINUTEN**
KOCHZEIT **15 MINUTEN**
RUHEZEIT **10 MINUTEN**
REZEPT FÜR **2 PORTIONEN**

KUSHIAGE (ODER KUSHIKATSU) IST EINE SPEZIALITÄT AUS ŌSAKA, DIE MEIST BEI GESELLIGEN TRINKRUNDEN AUF DEM TISCH STEHT. ICH HABE SIE ERST RECHT SPÄT ENTDECKT, WÄHREND EINES URLAUBS IN ŌSAKA, BEVOR ICH MEIN RESTAURANT IN PARIS ERÖFFNETE. ICH PROBIERTE SIE IN EINEM KLEINEN LADEN MIT SCHIEBETÜREN, VERSTECKT IN EINER DUNKLEN SEITENGASSE IN SHINSEKAI, EINEM BELIEBTEN VIERTEL VON ŌSAKA.

KUSHIAGE SIND FLEISCH-, FISCH- ODER GEMÜSESPIESSE, DIE MIT PANKO (JAPANISCHES PANIERMEHL) PANIERT, DANN GEBRATEN UND IN EINE TYPISCHE SAUCE GEDIPPT WERDEN. DIE SAUCE WIRD FÜR ALLE AM TISCH IN EINER GROSSEN SCHALE SERVIERT. MAN SOLLTE DAHER SEINEN SPIESS NACH DEM ERSTEN BISSEN NIE EIN ZWEITES MAL EINTAUCHEN!

½ Aubergine
6 Spargel
½ Zucchini
1 Zwiebel
2 kleine dünne Lauchstangen
1 Prise Salz
6 dicke Scheiben Renkon (Lotuswurzel)

FÜR DIE PANADE

120 g Mehl
300 g Panko (japanisches Paniermehl)
Öl zum Frittieren

FÜR DIE SAUCE

120 g Ketchup
80 ml vegane Worcestershiresauce
30 ml helle Sojasauce
½ EL Reisessig

1. Die Aubergine in mundgerechte Stücke schneiden.

2. Den Spargel schälen und in drei Teile schneiden. Die Zucchini in etwa 1 cm dicke Scheiben schneiden. Die Zwiebel schälen, halbieren und der Länge nach in vier bis fünf Stücke zerteilen. Den Lauch in mundgerechte Stücke schneiden.

3. Auberginen-, Zucchini- und Lauchstücke in eine Schüssel geben, Salz hinzufügen und 10 Minuten stehen lassen. Anschließend das Gemüse in ein Sieb geben und mit kaltem Wasser abspülen. Mit einem Küchenpapier vorsichtig trocken tupfen.

4. Für die Panade 180 ml Wasser und das Mehl mit einem Schneebesen verrühren, bis keine Klumpen mehr vorhanden sind. Die Textur sollte dickflüssig sein.

5. Das Panko in einen Blender geben und zu feinen Bröseln mixen.

6. Die Gemüsestücke auf Spieße stecken. Auf jeden Spieß nur eine Gemüsesorte: Etwa drei Stücke Spargel, zwei Scheiben Renkon und zwei bis drei Zwiebelstücke pro Spieß.

7. Das Öl in einer großen Pfanne mit hohem Rand erhitzen. Einen Teller mit Panko vorbereiten und die Mehlmischung daneben stellen. Die Gemüsespieße zunächst in die Mehlmischung tunken und anschließend im Panko wenden.

8. Für die Sauce alle Zutaten plus 50 ml Wasser in einer Schale verrühren.

9. Wenn das Öl heiß ist (170–180 °C), die Gemüsespieße darin frittieren. Die Kushiage sind fertig, wenn sie eine goldbraune Farbe haben und das Gemüse weich ist. Herausnehmen und auf einem Küchenpapier oder Kuchengitter abtropfen lassen. Die im Öl schwimmenden Krümel immer wieder mit einer Schaumkelle abschöpfen, damit sie nicht anbrennen und den Geschmack des Frittieröls beeinträchtigen.

10. Die Kushiage in die Sauce dippen und genießen!

KOROKKE

SAISON **WINTER**
ZUBEREITUNG **1 STUNDE**
KOCHZEIT **30 MINUTEN**
REZEPT FÜR **5–6 BÄLLCHEN**

KOROKKE IST EIN *YŌSHOKU*, DAS VON PORTUGIESEN NACH ÖFFNUNG DER GRENZEN NACH JAPAN GEBRACHT WURDE. IM ORIGINALREZEPT IST CRÈME FRAÎCHE ENTHALTEN, ABER DA MILCHPRODUKTE DAMALS KAUM KONSUMIERT WURDEN, LIESS MAN SIE WEG. HEUTE GIBT ES VIELE VERSCHIEDENE VARIATIONEN VON KOROKKE: MIT KÜRBIS, SÜSSKARTOFFELN, FLEISCH, *OKARA* … AM BELIEBTESTEN SIND SIE MIT KARTOFFELN UND HACKFLEISCH.

3 Kartoffeln (300 g)
1 mittelgroße Zwiebel
neutrales Pflanzenöl
80 g Räuchertofu
30 g Mais aus der Dose
1 EL Sojasauce
2 EL Kartoffelstärke
(A) 25 g Kartoffelstärke plus 25 g Mehl
(B) 50 g Mehl plus 75 ml Wasser
(C) 50 g Panko (japanisches Paniermehl)
500 ml Frittieröl
1 Prise Salz
Tonkatsu-Sauce zum Servieren

1. Die Kartoffeln waschen, schälen und in mittelgroße Stücke schneiden. In einen Topf mit kaltem Wasser geben, zum Kochen bringen und 10 Minuten garen.

2. Die Zwiebel schälen, klein würfeln und mit einem Schuss Öl anbraten. Den Tofu in kleine Stücke zerbröckeln. Sobald die Zwiebeln leicht gebräunt sind, Mais und Tofu hinzufügen und kurz mitbraten. Vom Herd nehmen und Sojasauce hinzufügen.

3. Die Kartoffeln sind gar, wenn sie mit einer Gabel oder einem Messer leicht einzustechen sind. Kartoffelwasser abschütten, die Kartoffeln abtropfen lassen und grob zerstampfen. Nach Belieben salzen.

4. Kartoffelstärke hinzufügen und gut vermischen. Zwiebel, Mais und Tofu aus der Pfanne nehmen und untermengen.

5. Etwa fünf bis sechs Bällchen formen und als erstes in (A), dann in (B) und dann in (C) wälzen.

6. Das Öl in einem Topf erhitzen. Wenn es heiß ist, die Bällchen hineingleiten lassen (sie müssen vollständig in das Öl eintauchen).

7. Die Bällchen frittieren, bis sie goldbraun sind. Mit einer Schaumkelle aus dem Öl nehmen und auf einem Sieb abtropfen lassen. Mit einer Tonkatsu-Sauce besprenkeln und servieren.

YAKISOBA

SAISON **FRÜHLING**
ZUBEREITUNG **20 MINUTEN**
KOCHZEIT **5 MINUTEN**
REZEPT FÜR **2 PORTIONEN**

YAKISOBA IST EINES DER BELIEBTESTEN STREETFOODS IN JAPAN, DA ES PREISWERT, GUT UND SÄTTIGEND IST. URSPRÜNGLICH KOMMT DAS GERICHT AUS CHINA. ES BESTEHT AUS GEBRATENEN NUDELN, DIE MIT GEGRILLTEM GEMÜSE UND GEGRILLTEM FLEISCH KOMBINIERT WERDEN. ANDERS ALS DER NAME VERMUTEN LÄSST, WERDEN DIE NUDELN NICHT AUS *SOBA* (BUCHWEIZEN), SONDERN AUS WEIZEN HERGESTELLT, WIE DIE RAMEN-NUDELN. DAZU WIRD EINE SPEZIELLE SAUCE, DIE YAKISOBA-SAUCE, GEREICHT. DIE SAUCE IST DERJENIGEN SEHR ÄHNLICH, DIE MAN ÜBER OKONOMIYAKI GIBT.

3 Blätter Weißkohl (ich empfehle Flachkohl)

½ Zwiebel

½ Karotte

2 Frühlingszwiebeln

neutrales Pflanzenöl

1 Prise Salz

2 Portionen gekochte Yakisoba-Nudeln .

Yakisoba-Sauce (vorzugsweise der Marke Otafuku®)

2 große Prisen Aonori (Algenflocken)

2 TL Beni-shōga-Ingwer

1. Kohlblätter in mundgerechte Stücke schneiden. Zwiebel, Karotte und das Grün der Frühlingszwiebeln in feine Streifen schneiden.

2. In eine große Pfanne mit hohem Rand oder einen Wok einen großzügigen Schuss Öl geben und Karotten- und Zwiebelstreifen hinzufügen. Salzen und 2 Minuten sautieren. Kohl hinzufügen und mitbraten, bis er weich ist.

3. Die Nudeln in ein Sieb geben und mit heißem Wasser abspülen. Vorsichtig vom Sieb lösen und in die Pfanne geben, alles gut durchmengen. Die Hitze reduzieren und die gewünschte Menge Yakisoba-Sauce dazugießen. Noch einmal gut vermischen.

4. Die Nudeln auf zwei Teller verteilen, mit Aonori bestreuen und mit einem kleinen Klecks eingelegtem Ingwer in der Mitte garnieren.

OKONOMIYAKI NACH ŌSAKA-ART

SAISON **FRÜHLING**
ZUBEREITUNG **20 MINUTEN**
KOCHZEIT **10 MINUTEN**
RUHEZEIT **1 STUNDE**
REZEPT FÜR **2 PORTIONEN**

OKONOMIYAKI IST *DAS* STREETFOOD SCHLECHTHIN UND TYPISCH FÜR DIE REGION KANSAI. ES GIBT MEHRERE VARIANTEN VON OKONOMIYAKI, WOBEI DIE ŌSAKA- UND DIE HIROSHIMA-OKONOMIYAKI DIE BELIEBTESTEN SIND. ICH STELLE IHNEN HIER DIE KLASSISCHE ŌSAKA-VERSION VOR: EIN DICKERER TEIG, GROSSZÜGIG MIT KOHL BELEGT. DER NAME *OKONOMI* BEDEUTET »WAS SIE MÖGEN« UND *YAKI* HEISST »GEGRILLT«. DAMIT IST SCHON ALLES ERKLÄRT: MAN GIBT ZUTATEN SEINER WAHL AUF DEN TEIGFLADEN, DER DANN AUF EINER TEPPANYAKI-PLATTE GEGRILLT WIRD.

ALS KOHLSORTE EMPFEHLE ICH FLACHKOHL (AUCH URKOHL GENANNT), ER IST ETWAS ZARTER ALS WEISSKOHL UND DEM IN JAPAN ANGEBAUTEN KOHL ÄHNLICHER.

- 120 g Weißkohl (Flachkohl, Jaromakohl)
- 150 g Mehl
- 20 g Tapiokastärke
- 5 g Backpulver
- 200 g Seidentofu
- 10 g Kombu-Dashi-Pulver
- 40 g japanische Mayonnaise (Rezept S. 30)
- 4 EL Beni-shōga-Ingwer
- 30 g Räuchertofu oder veganer Speck
- neutrales Pflanzenöl

FÜR DAS TOPPING

- Okonomiyaki-Sauce (vorzugsweise der Marke Otafuku®)
- japanische Mayonnaise (Rezept S. 30)
- 2 große Prisen Aonori (Algenflocken)
- 2 EL Beni-shōga-Ingwer

1. Den Kohl in sehr feine Streifen schneiden.
2. Mehl, Tapiokastärke und Backpulver in eine große Schüssel sieben und verrühren. In einer weiteren Schüssel Tofu, Kombu-Dashi und 200 ml Wasser mixen. Die Mischung nach und nach zum Mehl gießen und mit einem Schneebesen verrühren.
3. Zum Schluss Mayonnaise, Kohl und Ingwer dazugeben und grob vermengen. Eine Stunde bei Raumtemperatur stehen lassen. (Die Ruhezeit ist aber nicht zwingend notwendig.)
4. Den Räuchertofu in sehr dünne Scheiben schneiden. (Veganer Speck kann direkt verwendet werden.)
5. Öl in einer Pfanne erhitzen. Ist das Öl heiß, die Hitze reduzieren und 3–4 Scheiben Tofu in die Pfanne legen (alternativ 2–3 Scheiben veganen Speck). Eine Kelle Okonomiyaki-Teig hinzugießen. Die Pfanne zudecken.
6. Sobald sich an der Oberfläche Bläschen bilden und diese zu platzen beginnen, den Okonomiyaki umdrehen und von der anderen Seite weiterbacken.
7. Aus der Pfanne nehmen, auf einen Teller legen und in sechs gleich große Stücke schneiden. Mit Okonomiyaki-Sauce bestreichen und als Topping Mayonnaise, Aonori und einen kleinen Klecks Beni shōga hinzufügen. Sofort servieren.

* Okonomiyaki werden ohne Beilagen serviert. Sie können aber auch eine Schale Reis dazu reichen und sie wie ein echter Einwohner Ōsakas genießen.

OKONOMIYAKI NACH HIROSHIMA-ART

IN DER VERSION AUS HIROSHIMA WERDEN OKONOMIYAKI ALS HAUCHDÜNNE PFANNKUCHEN GEBACKEN UND ÜBER EINEM TELLER MIT GEBRATENEN NUDELN ANGERICHTET, DIE MIT ZUTATEN NACH WAHL BELEGT SIND. WIE DER NAME DES GERICHTS SCHON SAGT: *OKONOMI* BEDEUTET »WAS SIE MÖGEN« UND *YAKI* »GEGRILLT«.

DIESE VERSION IST ETWAS EINFACHER UND AUCH LEICHTER ALS DIE ZUBEREITUNGSART AUS ŌSAKA.

SAISON **FRÜHLING**
ZUBEREITUNG **20 MINUTEN**
KOCHZEIT **10 MINUTEN**
REZEPT FÜR **2 PORTIONEN**

- 65 g Mehl
- 5 g japanische Mayonnaise (Rezept S. 30)
- 6 g Kombu-Dashi-Pulver
- 100 g Weißkohl oder Flachkohl
- 1 Frühlingszwiebel
- 2 Portionen Yakisoba (Rezept S. 116)
- 50 g Sojasprossen

FÜR DAS TOPPING

- Okonomiyaki-Sauce (vorzugsweise von der Marke Otafuku®)
- japanische Mayonnaise (Rezept S. 30)
- 2 große Prisen Aonori
- Beni-shōga-Ingwer

1. Mehl, 100 ml Wasser, Mayonnaise und Kombu-Dashi-Pulver in eine Schüssel geben und mit einem Schneebesen gut verrühren.
2. Den Kohl in feine Streifen und das Grün der Frühlingszwiebel in dünne Ringe schneiden. Die Yakisoba-Nudeln nach Rezept zubereiten.
3. Eine große beschichtete Pfanne auf 170 °C erhitzen und eine Kelle Teig hineingießen. Der Pfannkuchen sollte schön dünn sein und einen Durchmesser von etwa 20 cm haben. Eine große Handvoll Kohl, Frühlingszwiebeln und Sojasprossen darauf verteilen.
4. Eine kleine Kelle Teig darübergießen, kurz braten und mithilfe von zwei Pfannenwendern umdrehen.
5. Die Yakisoba-Nudeln auf einen Teller geben und den fertigen Pfannkuchen obenauf legen.
6. Okonomiyaki-Sauce, Mayonnaise, Aonori und etwas Ingwer auf dem Pfannkuchen verteilen. Sehr heiß servieren!

TAMAGO SANDO

SAISON **FRÜHLING**
ZUBEREITUNG **15 MINUTEN**
KOCHZEIT **10 MINUTEN**
REZEPT FÜR **2 SANDWICHES**

TAMAGO SANDO SETZT SICH ZUSAMMEN AUS *TAMAGO* FÜR EI UND *SANDO* FÜR SANDWICH UND IST DIE JAPANISCHE VERSION DES EIERSALAT-SANDWICHES. SEINE BESONDERHEIT LIEGT IM CHARAKTERISTISCHEN GESCHMACK DER JAPANISCHEN MAYONNAISE UND VOR ALLEM IN DER WEICHHEIT UND DICKE DES JAPANISCHEN TOAST-BROTS. IN DER VEGANEN VERSION ERSETZT TOFU DIE HART GEKOCHTEN EIER UND DAS SCHWARZE SALZ (KALA NAMAK) IST DIE MAGISCHE ZUTAT, DIE FÜR DEN TYPISCHEN EIERGESCHMACK SORGT.

¼ von einer kleinen Zwiebel
200 g fester Tofu (ich empfehle den, den man in Asia-Läden bekommt)
250 g Seidentofu
3–4 Prisen Kurkuma (für die Farbe)
100 g japanische Mayonnaise (Rezept S. 30)
½ EL Malzhefe
2 Prisen Salz
½ TL Senf
¼ TL Sojasauce
1 TL schwarzes Salz (Kala Namak)
4 Scheiben dickes Toastbrot (wenn möglich, japanisches aus dem Asia-Laden)

1. Die Zwiebel sehr klein würfeln und beiseitestellen.

2. Den festen Tofu und 50 g vom Seidentofu in eine Schüssel geben und mit der Hand gleichmäßig in kleine Stücke zerdrücken. Kurkuma hinzugeben und gut durchmischen.

3. Anschließend die Mischung in einer Pfanne kurz erhitzen. Wieder zurück in die Schüssel geben und vollständig abkühlen lassen. Das Erhitzen ist nicht zwingend erforderlich, aber durch das kurze Erhitzen bekommt die Mischung eine schönere Eier-Farbe.

4. Die restlichen Zutaten (außer den 200 g Seidentofu und dem Toastbrot) hinzufügen und vermengen. Die Menge des schwarzen Salzes nach Geschmack variieren.

5. Zum Schluss den restlichen Seidentofu zerbröckeln und hinzufügen.

6. Umrühren und dabei darauf achten, dass der Tofu noch stückig bleibt, um die Konsistenz des Eis im klassischen Tamago sando zu imitieren.

7. Zwei große Esslöffel der Masse zwischen zwei Scheiben Toastbrot verstreichen.

* Der Tofu muss gut abkühlen, bevor Sie die Mayonnaise dazugeben, sonst schmilzt sie und die Zubereitung verliert ihre fluffige Textur.

YAKI TŌMOROKOSHI

SAISON **SOMMER**
ZUBEREITUNG **15 MINUTEN**
KOCHZEIT **10 MINUTEN**
REZEPT FÜR **2 PORTIONEN**

AUF DEN *MATSURI*, DEN JAPANISCHEN VOLKSFESTEN, GIBT ES IMMER STREETFOOD-STÄNDE. NORMALERWEISE WIRD GEGRILLTES GEGESSEN, ETWA FLEISCHSPIESSE ODER TINTENFISCH. EINES MEINER LIEBSTEN STREETFOODS IST YAKI TŌMOROKOSHI, EIN GANZER MAISKOLBEN, DER MIT BUTTER UND SOJASAUCE BESTRICHEN WIRD - EINE KÖSTLICHE MISCHUNG AUS SÜSS, SALZIG, BUTTRIG UND EINEM UNWIDERSTEHLICHEN RAUCHAROMA!

2 ganze Maiskolben

20 g hochwertige Pflanzenmargarine

1 TL Rauchöl* (alternativ 5 Tropfen Liquid Smoke*)

1-2 EL Sojasauce

1. Die Maiskolben in einem großen Topf mit Wasser 10 Minuten kochen.
2. Aus dem Wasser nehmen, abtropfen lassen und in einer Pfanne bei mittlerer Hitze in Margarine schwenken, bis sie eine schöne goldbraune Farbe haben. Das Rauchöl hinzugeben.
3. Falls vorhanden, kurz mit einem Flambierbrenner abflammen.
4. Die Maiskolben vom Herd nehmen und mit Sojasauce bepinseln. Anschließend mit der restlichen Margarine bestreichen.
5. Die Maiskolben entweder ganz oder in drei Stücke geschnitten (dann sind sie leichter zu essen) servieren.

* *Liquid Smoke ist in Bioläden erhältlich, Rauchöl in Feinkostläden oder im Internet.

GYŌZA

SAISON **SOMMER**
ZUBEREITUNG **1 STUNDE**
RUHEZEIT **30 MINUTEN**
KOCHZEIT **10 MINUTEN**
REZEPT FÜR **CA. 20 GYŌZA**

FÜR MICH SIND GYŌZA DIE ERINNERUNG AN DIE GROSSEN FERIEN, IN DENEN MEINE SCHWESTER UND ICH ALLE ZEIT DER WELT HATTEN, UM UNSERER MUTTER BEIM KOCHEN ZU HELFEN. ZU DRITT BEREITETEN WIR DIE GYOZA VON HAND ZU: EINE VON UNS KÜMMERTE SICH UM DEN TEIG UND DIE FÜLLUNG, EINE FÜLLTE DIE TEIGBLÄTTER UND EINE FALTETE SIE. WÄHRENDDESSEN STAND DIE ZEIT UM UNS HERUM STILL UND WIR REDETEN ÜBER DIE KLEINEN, EINFACHEN DINGE DES LEBENS. WIE BEI RAVIOLI DAUERT DIE ZUBEREITUNG VON GYOZA ZIEMLICH LANGE, ALSO LADEN SIE DAZU AM BESTEN FREUNDE ODER DIE FAMILIE ZUM MITMACHEN UND MITESSEN EIN!

FÜR DEN TEIG

120 g Mehl, gesiebt
½ TL Salz
Kartoffelstärke (zum Ausrollen des Teigs)

FÜR DIE FÜLLUNG

30 g Kohl (Weißkohl, Flachkohl, ...)
25 g Frühlingszwiebeln
8 g Schnittlauch
1 Shiitake-Pilz (frisch)
1 Knoblauchzehe
2 cm Ingwer (frisch)
100 g veganes Hack
70 g Sojaschnetzel, eingeweicht (als Granulat oder in sehr kleinen Stückchen)
1 TL Kombu-Dashi-Pulver
1 TL Sake
1 TL Sojasauce
1 große Prise Salz

ZUM BRATEN UND SERVIEREN

½ EL Sesamöl plus 1 TL Sesamöl
Sojasauce
gekochter Reis

1. Das Mehl sieben. Für den Teig das Salz in 60–75 ml heißem Wasser (ca. 90 °C) auflösen. Nach und nach in das Mehl gießen und verrühren. Die benötigte Wassermenge ist abhängig von der Type des Mehls und der Raumtemperatur - dem Teig muss so viel Wasser zugefügt werden, dass er sich zu einer Kugel formen lässt.

2. Auf einer Arbeitsfläche 10 Minuten durchkneten. Wieder zu einer Kugel formen, in ein Geschirrtuch einwickeln und bei Raumtemperatur 30 Minuten stehen lassen.

3. Die Arbeitsfläche leicht mit Stärke bestäuben und den Teig mit einem Nudelholz ausrollen.

4. Mit einem runden Förmchen Kreise von etwa 8 cm Durchmesser ausstechen. Die Kreise jeweils mit Mehl bestäuben und auf einem Teller übereinanderstapeln. Kühl stellen.

5. Für die Füllung Kohl, Frühlingszwiebeln, Schnittlauch und Shiitake klein hacken. Knoblauch und Ingwer fein reiben. Alle Zutaten für die Füllung in einer großen Schüssel vermischen.

6. Jeden Teigkreis in der Mitte mit 1 TL Füllung belegen. Mit den Fingern die Ränder der Teigkreise mit Wasser befeuchten und mittig zu einem Halbkreis zusammenschlagen.

7. Den oberen Rand in kleine Falten legen und etwas zusammendrücken. Gyoza nach und nach von links nach rechts schließen, indem jede Falte mit dem gegenüberliegenden Rand zusammengedrückt wird.

8. Sind alle Gyoza gefaltet, wenig Öl in einer großen beschichteten Pfanne erhitzen. Die Gyoza hineinlegen und 2–3 Minuten anbraten, bis sie an der Unterseite leicht gebräunt sind. Nicht wenden!

9. Mit einem Schuss heißem Wasser aufgießen und sofort den Deckel auf die Pfanne geben. Dünsten, bis das Wasser verdampft ist.

10. Den Deckel abnehmen, einen kleinen Schuss Sesamöl hinzugeben und die Gyoza erneut kurz rösten.

11. Heiß mit Sojasauce und Reis servieren.

ONIGIRI UME MAYO

SAISON **SOMMER**
ZUBEREITUNG **15 MINUTEN**
KOCHZEIT **15 MINUTEN**
REZEPT FÜR **2–3 ONIGIRI**

ES GIBT MEHRERE LEGENDEN DARÜBER, WARUM ONIGIRI DIE FORM EINES DREIECKS HABEN. EINE DAVON BESAGT, DASS MAN FRÜHER DIE BERGE ALS GOTTHEITEN VEREHRTE. DIE JAPANER FORMTEN IHRE REISBÄLLCHEN ZU KLEINEN BERGEN, UM DIE IN DEN BERGEN WOHNENDEN GÖTTER UM SCHUTZ ZU BITTEN. NEBEN DER HÄUFIGSTEN FORM, DEM DREIECK, GIBT ES ABER AUCH RUNDE, ÜBLICH AUF DER INSEL KYŪSHŪ, UND OVALE IN DEN REGIONEN TŌHOKU UND CHŪBU. IN DER KANSAI-REGION HEISSEN SIE ÜBRIGENS OMUSUBI.

150 g japanischer Reis
1 Prise Salz
etwas Reisessig
3–4 Umeboshi (japanische Salzpflaumen)
3 TL japanische Mayonnaise (Rezept S. 30)
Yukari (Shiso-Salz)
1,5 Nori-Blätter

1. Den Reis nach Anleitung auf S. 7 kochen. Nach dem Kochen abkühlen lassen und mit Salz abschmecken.
2. Die Hände mit Essig befeuchten oder Latexhandschuhe verwenden, damit die Reiskörner nicht an den Händen kleben bleiben. Etwa die Hälfte oder ein Drittel des Reises in die Handfläche legen, eine Mulde bilden und darin eine Umeboshi und 1 TL Mayonnaise platzieren.
3. Die Mulde wieder mit Reis ausfüllen und alles zu einem Dreieck formen. Das zweite und ggf. das dritte Onigiri genauso anfertigen.
4. Die Onigiri auf der gesamten Oberfläche leicht mit Yukari bestreuen.
5. Ein Noriblatt in der Mitte durchschneiden und die Onigiri damit an der Unterseite einwickeln. Die Spitze, oben, wo der Reis herausragt, mit einem kleinen Stückchen Umeboshi verzieren.

KABOCHA-KOROKKE

ES IST MIR BESONDERS WICHTIG, IHNEN MINDESTENS EIN STREETFOOD-REZEPT MIT KABOCHA, DEM BERÜHMTEN JAPANISCHEN KÜRBIS, VORZUSTELLEN. KOROKKE WERDEN IN JAPAN OFT EINZELN AN DEN KLEINEN MOBILEN STRASSENSTÄNDEN, DEN *YATAI*, VERKAUFT. MAN GENIESST SIE IM VORBEIGEHEN, GANZ FRISCH ZUBEREITET. IN DER HERBSTKÄLTE GIBT ES NICHTS BESSERES ALS EIN FRISCH GEBACKENES KOROKKE, AUSSEN KNUSPRIG UND INNEN WEICH UND SÜSSLICH!

SAISON **HERBST**
ZUBEREITUNG **45 MINUTEN**
KOCHZEIT **35 MINUTEN**
KÜHLZEIT **15 MINUTEN**
REZEPT FÜR **8–10 BÄLLCHEN**

400 g Kabocha-Kürbis
10 g pflanzliche Margarine
15 ml Sojasauce
5 g Zucker
½ TL Salz
(A) 25 g Kartoffelstärke plus 25 g Mehl
(B) 50 g Mehl plus 75 ml Wasser
(C) 50 g Panko (japanisches Paniermehl)
500 ml Öl zum Frittieren

1. Den Kabocha in große Stücke schneiden. Nach Belieben die Schale mit verwenden oder entfernen. Wird die Schale entfernt, bekommen die Korokke eine besonders schöne orange Farbe.

2. Die Kürbisstücke in einem Dampfkorb über kochendem Wasser 20 Minuten dämpfen. Sie sollen nur weich werden, jedoch nicht zu lange dämpfen, da sie sonst zu viel Wasser aufnehmen.

3. Anschließend in eine Schüssel geben und Margarine, Sojasauce, Zucker und Salz hinzufügen. Mit einer Gabel zerdrücken und durchmischen, bis ein Püree entsteht.

4. Abkühlen lassen. Mit der Hand 8–10 Bällchen formen. Auf einen großen Teller legen und mit Frischhaltefolie abgedeckt mindestens 15 Minuten in den Kühlschrank stellen.

5. Drei Schalen mit je einer der Mischungen (A), (B) und (C) vorbereiten.

6. Die Bällchen nacheinander darin wälzen.

7. Öl in einem Topf bei mittlerer Stufe erhitzen. Die Bällchen frittieren (sie müssen vollständig in das Öl eintauchen), bis sie goldbraun sind. Mit einer Schaumkelle aus dem Öl nehmen und auf einem Sieb abtropfen lassen. Sofort servieren.

* Tipp: Mit der einen Hand die Bällchen in Schale B (flüssig) tauchen und die andere Hand für Schalen A und C (trocken) verwenden.

TEMPURA

SAISON **HERBST**
ZUBEREITUNG **20 MINUTEN**
KOCHZEIT **2–3 MINUTEN**
REZEPT FÜR **2 PORTIONEN**

WENN MAN AN JAPANISCHES STREETFOOD DENKT, KOMMT EINEM MEIST FRITTIERTES IN DEN SINN: KOROKKE, YAKITORI, KUSHIKATSU … UND NATÜRLICH TEMPURA! GENAU GENOMMEN WUSSTE ICH NICHT, WO ICH DIESES GERICHT EINORDNEN SOLL, DENN ES WIRD SOWOHL IN DEN TRADITIONELLEN RESTAURANTS, DEN *RYOKAN*, SERVIERT, ALS AUCH AN DEN *YATAI* UND IN DEN JAPANISCHEN GASSENLOKALEN.

VEGANE TEMPURA SIND GANZ EINFACH: GEMÜSE IHRER WAHL NEHMEN UND FRITTIEREN! DIE BESTE JAHRESZEIT IST DER HERBST, DER UNS MIT FRISCHEM RENKON, SÜSSKARTOFFELN, KABOCHA UND PILZEN BESCHENKT. FÜR DIE PANADE VERWENDEN WIR SEIDENTOFU, UNSEREN VEGANEN VERBÜNDETEN, DER DAS EI ERSETZT.

50 g Seidentofu
1 EL japanische Mayonnaise (Rezept S. 30)
200 g Mehl (Type 405)
6 cm frischer oder tiefgekühlter Renkon (Lotuswurzel)
1 kleine Satsumaimo oder Süßkartoffel
Stückchen von einem japanischen Kabocha-Kürbis
3 Eryngii oder Kräuterseitlinge
Öl zum Frittieren

1. Tofu und Mayonnaise im Mixer mit 300 ml Wasser vermixen.
2. Das Mehl in eine Schüssel geben und die Tofu-Mayonnaise-Mischung nach und nach einrühren. Kühl stellen.
3. Renkon schälen und ebenso wie das übrige Gemüse, das nicht geschält werden muss, in Scheiben schneiden.
4. Öl in einem großen Topf erhitzen, es sollte während des gesamten Frittiervorgangs eine Temperatur von 170 °C haben, damit die Panade eine gute Textur behält.
5. Die Schüssel mit der Teigmischung aus dem Kühlschrank nehmen und die Gemüsescheiben einzeln in den Teig tauchen. Überschüssigen Teig abtropfen lassen, das Gemüse sollte nicht zu dick damit überzogen sein. Ist der Teig zu dickflüssig, etwas kaltes Wasser unterrühren.
6. Tempura einige Minuten frittieren und anschließend auf einem Küchenpapier abtropfen lassen.

SÜSSES

ZENZAI

SAISON **WINTER**
ZUBEREITUNG **5 MINUTEN**
KOCHZEIT **10–15 MINUTEN**
REZEPT FÜR **2 PORTIONEN**

ZENZAI, AUCH O-SHIRUKO GENANNT, IST EIN TRADITIONELLES DESSERT BESTEHEND AUS MOCHI UND EINER SÜSSEN SUPPE AUS ROTE-BOHNEN-PASTE. LAUT JAPANISCHEM VOLKSGLAUBEN HÄLT ZENZAI KRANKHEITEN UND BÖSE GEISTER FERN. DESHALB STELLT MAN AUCH VON ZEIT ZU ZEIT EINE SCHALE DAVON INS *TOKONOMA* - DIE NISCHE, IM EINGANGSBEREICH TRADITIONELLER JAPANISCHER HÄUSER.

ZENZAI WIRD VOR ALLEM IM HERBST UND WINTER GEGESSEN, ABER ES GIBT AUCH EISGEKÜHLTE VARIATIONEN FÜR DEN SOMMER.

2 Kirimochi (Reiskuchen) (alternativ Dango Mochi, Rezept S. 140)

50 g Anko (Rezept S. 32)

1 Prise Salz

1. Die Kirimochi im Backofen bei 180 °C für mindestens 10–15 Minuten aufbacken. Sie sollten gut aufquellen und leicht angebräunt werden. Oder Dango mochi nach Rezept auf S. 140 zubereiten.
2. Die Anko-Paste mit 60–80 ml Wasser und dem Salz in einen Topf geben, umrühren und auf mittlerer Stufe erhitzen. Die Konsistenz sollte suppenartig sein, je nach Vorliebe kann die Wassermenge variiert werden.
3. Die Sauce in kleine Schalen gießen, die Mochi hinzugeben und servieren.

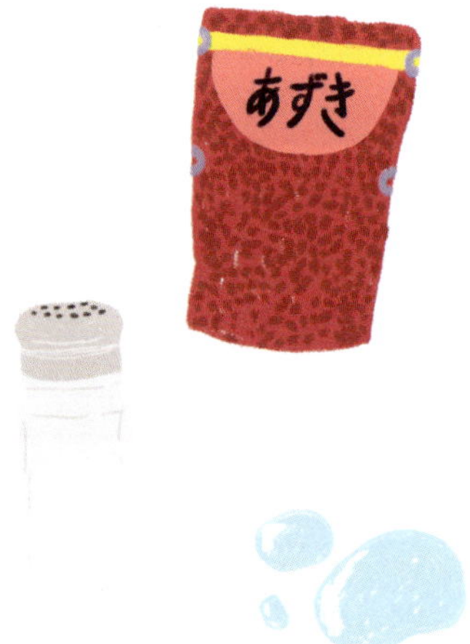

DAIGAKU IMO

SAISON **WINTER**
ZUBEREITUNG **20 MINUTEN**
EINWEICHZEIT **15 MINUTEN**
KOCHZEIT **8–10 MINUTEN**
REZEPT FÜR **2–3 PORTIONEN**

***SATSUMAIMO*, DIE JAPANISCHE SÜSSKARTOFFEL, IST EINE KARTOFFELSORTE MIT SÜSSLICHEM GELBEM FLEISCH UND EINER VIOLETTEN SCHALE. MAN KANN SIE PUR, HERZHAFT ODER IN SÜSSSPEISEN GENIESSEN, ETWA IN DAIGAKU IMO. BEI DIESEM BELIEBTEN SNACK WERDEN DIE KARTOFFELWÜRFEL IN ZUCKER, BUTTER UND SCHWARZEM SESAM KARAMELLISIERT. EIN SÜSSER GENUSS FÜR ZWISCHENDURCH!**

1 Satsumaimo oder Süßkartoffel (ca. 280 g)
30 g pflanzliche Margarine
2 EL Zucker
1 EL Mirin
½ EL Sojasauce
2 TL schwarze Sesamsamen

1. Die Süßkartoffel schälen, in kleine Würfel schneiden und in einer Schüssel mit Wasser 15 Minuten einweichen. Anschließend herausnehmen und abtropfen lassen.

2. In einer Pfanne mit Margarine bei mittlerer Hitze anbraten. Zucker, Mirin und Sojasauce hinzufügen. Zugedeckt bei schwacher Hitze 8–10 Minuten köcheln lassen.

3. Nach der Hälfte der Garzeit die Kartoffelwürfel wenden. Wenn die Flüssigkeit zu sehr eingekocht ist, bevor die Kartoffeln gar sind, etwas Wasser nachgießen. Köcheln, bis die Kartoffeln gar sind und alle Flüssigkeit verdampft ist.

4. In einem tiefen Teller anrichten und mit schwarzen Sesamsamen bestreut servieren.

DREIFARBIGE DANGO MOCHI

SAISON **FRÜHLING**
ZUBEREITUNG **1 STUNDE 20 MINUTEN**
KOCHZEIT **5 MINUTEN**
REZEPT FÜR **9 SPIESSE**

DIE KIRSCHBLÜTE *SAKURA* HAT IN JAPAN EINE GANZ BESONDERE SYMBOLKRAFT UND WIRD AUSGIEBIG GEFEIERT. MAN TRIFFT SICH ZUM *HANAMI*, DAS BEDEUTET »BLÜTEN BETRACHTEN«. DIE JAPANER BEGRÜSSEN DEN FRÜHLING UND VERSAMMELN SICH ZUM PICKNICK UNTER DEN BLÜHENDEN KIRSCHBÄUMEN. DREI FARBEN SPIELEN EINE GANZ GROSSE ROLLE: ROSA ERINNERT AN *SAKURA*, DIE KIRSCHBLÜTE. GRÜN IST DIE FARBE DES FRÜHLINGS UND WEISS STEHT FÜR DEN SCHNEE DES VERGANGENEN WINTERS. SANSHOKU DANGO, ÜBERSETZT »DREIFARBEN-KLÖSSCHEN«, BESTEHT IN ANLEHNUNG DARAN AUS DREI REISMEHLBÄLLCHEN AUF EINEM SPIESS, VON DENEN EINES ROSA, EINES WEISS UND EINES GRÜN IST.

150 g Klebreismehl
75 g Zucker
2 Tropfen natürliche rote Lebensmittelfarbe, z. B. aus Roten Rüben oder Roter Bete
¼ TL Matcha-Pulver

1. In einer Schüssel Mehl und Zucker vermischen. Die Mehl-Zucker-Mischung auf drei Schalen verteilen.

2. Weitere drei Schalen mit jeweils 45 ml Wasser füllen. Einer Schale den roten Farbstoff hinzufügen und verrühren, in eine zweite Schale das Matchapulver geben und vermischen.

3. In jede Schale mit Reismehl eine der drei Schalen Wasser eingießen und vermengen. Die Wassermenge eventuell anpassen – der Teig sollte nicht klebrig sein. Die Wassermenge hängt von der Raumtemperatur ab. Je trockener und kälter es ist, desto mehr Wasser ist nötig

4. In den drei Schalen befinden sich nun ein rosa, ein grüner und ein weißer Teig. Daraus mit den Handflächen kleine Bällchen formen.

5. In einem großen Topf Wasser zum Kochen bringen. Eine Schüssel mit sehr kaltem Wasser bereitstellen. Die weißen Bällchen ins kochende Wasser geben und etwa 1–2 Minuten wallend kochen, bis sie an die Oberfläche steigen und schwimmen.

6. Die Bällchen mit einem Schaumlöffel herausnehmen und in kaltem Wasser abschrecken.

7. Den gleichen Vorgang mit den grünen und rosa Bällchen wiederholen.

8. Die Bällchen abwechselnd rosa, weiß, grün auf Spieße stecken.

* Man kann die Mochi mit Anko (S. 32) servieren, dann bekommen sie noch mehr Süße.

SAKURA MOCHI

SAISON **FRÜHLING**
ZUBEREITUNG **30 MINUTEN**
KOCHZEIT **5–15 MINUTEN**
REZEPT FÜR **6 MOCHI**

SAKURA MOCHI GEHÖREN ZU DEN JAPANISCHEN SÜSSIGKEITEN, DEN *WAGASHI*, DIE TRADITIONELL BEIM *HINA MATSURI*, DEM »FEST DER JUNGEN MÄDCHEN«, GEREICHT WERDEN. DIE KLEBREISMEHLBÄLLCHEN WERDEN ROSA GEFÄRBT, MIT ANKO GEFÜLLT UND IN EIN *SAKURA NO HA* (EIN IN SALZ UND ESSIG MARINIERTES KIRSCHBAUMBLATT) EINGEWICKELT. VON DIESER SÜSSSPEISE GIBT ES ZWEI VARIANTEN: IN DER REGION KANTŌ WIRD SIE AUS KLEBREISMEHL ZUBEREITET UND IST EIN DÜNNER PFANNKUCHEN, DER MIT ANKO GEFÜLLT UND ZUSAMMENGEROLLT WIRD. IN DER REGION KANSAI WIRD KLEBREIS ZU EINEM MOCHI-TEIG ZERSTAMPFT, AUS DEM KLEBREISBÄLLCHEN MIT ANKO-FÜLLUNG GEMACHT WERDEN. ICH STELLE DIESE VERSION VOR, DIE ZU DEN *DAIFUKU* GEHÖRT, DEN MIT ANKO GEFÜLLTEN REISKUCHEN.

180 g Anko (Rezept S. 32)
100 g Klebreismehl
20 g Zucker
1–2 Tropfen natürliche rote Lebensmittelfarbe, z. B. aus Roten Rüben oder Roter Bete
Kartoffelstärke
6 eingelegte Sakura-Blätter (online bestellen oder im japanischen Lebensmittelgeschäft kaufen)

1. Die Anko-Paste in sechs gleich große Kugeln aufteilen und in den Kühlschrank stellen.

2. In einer Schüssel das Klebreismehl und den Zucker vermischen. In einer zweiten Schüssel den Farbstoff mit 150 ml Wasser verrühren und anschließend zur Mehl-Zucker-Mischung gießen.

3. Es gibt zwei Garmethoden:

1. In der Mikrowelle: Die Schüssel mit einer mikrowellengeeigneten (!) Frischhaltefolie überziehen und 3 Minuten bei 500 W in die Mikrowelle geben. Die Schüssel herausnehmen und die Masse mit einem angefeuchteten Spatel umrühren. Noch einmal für 1–2 Minuten bei 500 W erhitzen. Herausnehmen und erneut umrühren. Die Masse ist gar, wenn sie leicht durchscheinend ist.

2. Im Wasserbad: Unter ständigem Rühren die Masse etwa 15 Minuten im Wasserbad erhitzen.

4. Eine saubere Arbeitsfläche mit Kartoffelstärke bestäuben. Den Mochi-Teig darauflegen und in sechs gleich große Portionen teilen und dünn mit Kartoffelstärke bestreuen. Flach drücken, sodass Teigscheiben entstehen.

5. Die Anko-Paste aus dem Kühlschrank nehmen.

6. Die Hände mit Speisestärke bestäuben und die Anko-Paste in die Mitte der Teiglinge setzen. Den Mochi-Teig um die Füllung herum verschließen, dabei die Ränder gut festdrücken. Wieder mit etwas Kartoffelstärke bestäuben und zu runden Bällchen formen. Jedes Bällchen mit einem Sakura-Blatt umwickeln.

7. Dies mit allen Mochi-Bällchen wiederholen.

MELONPAN

SAISON **FRÜHLING**
ZUBEREITUNG **1 STUNDE**
RUHEZEIT **3–3½ STUNDEN**
KOCHZEIT **25–35 MINUTEN**
REZEPT FÜR **8 STÜCK**

MELONPAN IST DEFINITIV DAS LIEBLINGSGEBÄCK MEINER KINDHEIT. IN DEN KLEINEN BRÖTCHEN IST KEINE MELONE ENTHALTEN - DER NAME KOMMT DAHER, DASS SIE EIN BISSCHEN WIE EINE ZUCKERMELONE AUSSEHEN. MANCHE BÄCKER GEBEN JEDOCH MELONE ODER MELONENSIRUP IN DIE BACKMISCHUNG, UM EINEN FRUCHTIGEN GESCHMACK ZU ERHALTEN. MEINE LIEBLINGS-VERSION IST IMMER NOCH DIE KLASSISCHE, ABER SIE KÖNNEN DEN TEIG AUCH MIT MATCHA, SCHOKOLADE ODER SOGAR ERDBEEREN VARIIEREN! UND FÜR DIE NASCHKATZEN: MAN KANN SIE AUCH MIT PFLANZLICHER SAHNE FÜLLEN.

FÜR DEN BISKUIT

150 g Mehl (Type 405 oder 505)
45 ml Sojamilch
33 ml neutrales Pflanzenöl
55 g brauner Zucker
1,5 TL Vanilleextrakt

FÜR DEN HEFETEIG

125 ml Sojamilch
20 g frische Hefe oder 5 g Trockenhefe
250 g Weizenmehl
45 g japanischer Wasanbon-Zucker oder brauner Zucker
2 g Salz
70 g feste pflanzliche Margarine (mindestens 80 % Fettgehalt)

1. Für den Biskuit alle Zutaten in einer Schüssel vermischen und den Teig zu einer Kugel formen. In Frischhaltefolie einwickeln und in den Kühlschrank legen.

2. Für den Hefeteig müssen alle Zutaten Raumtemperatur haben. Die Sojamilch kurz erwärmen (nicht mehr als 30 °C) und die Hefe darin gut auflösen.

3. Mehl, Zucker und Salz in einer großen Schüssel vermischen. Die Milch-Hefe-Mischung dazugießen und unterrühren. Dann die Margarine zugeben und den Teig etwa 10 Minuten auf niedriger Stufe mit der Küchenmaschine oder dem Handrührer kneten.

4. Die Schüssel mit einem Geschirrtuch abdecken und 2 Stunden bei Raumtemperatur ruhen lassen, bis der Teig sein Volumen verdoppelt hat.

5. Den Teig mehrmals dehnen und wieder einschlagen, damit die Luft entweicht. Anschließend zu einer Kugel formen. Auf eine bemehlte Arbeitsfläche legen. Den Teig etwas platt drücken, in acht gleich große Portionen teilen und diese zu Kugeln formen.

6. Den Biskuitteig aus dem Kühlschrank nehmen und daraus ebenso acht Kugeln formen. Die Biskuitkugeln flach drücken und um die Briochekugeln wickeln. Die Biskuithülle an der Oberfläche leicht einritzen, sodass ein Gittermuster entsteht.

7. Auf ein Backblech legen, mit einem sauberen Geschirrtuch abdecken und 1–1,5 Stunden gehen lassen.

8. Den Backofen auf 170 °C vorheizen und die Melonpan 25–30 Minuten backen. Abkühlen lassen und frisch genießen!

ICHIGO DAIFUKU

SAISON **FRÜHLING**
ZUBEREITUNG **1 STUNDE**
KOCHZEIT **5–15 MINUTEN**
REZEPT FÜR **6 DAIFUKU**

DIE MIT SÜSSER ROTE-BOHNEN-PASTE GEFÜLLTEN MOCHI HEISSEN *DAIFUKU*. SIE SIND EINES DER BELIEBTESTEN *WAGASHI*, DER TRADITIONELL JAPANISCHEN SÜSSIGKEITEN. MAN FINDET SIE ÜBERALL, SOGAR IN DEN *KONBINI*, DEN KLEINEN JAPANISCHEN 24/7-LÄDEN. ES GIBT VIELE VARIATIONEN. *ICHIGO* HEISST ERDBEERE UND TATSÄCHLICH ENTHALTEN ICHIGO DAIFUKU EINE GANZE ERDBEERE. DIE SÄURE DER FRUCHT HARMONIERT WUNDERBAR MIT DER SÜSSE DER ANKO-PASTE, WAS DIESES *WAGASHI* SO KÖSTLICH MACHT!

180 g Anko (Rezept S. 32)
6 große Erdbeeren
100 g Klebreismehl
20 g Zucker
Kartoffelstärke

1. Die Anko-Paste in sechs Portionen teilen. Jede Erdbeere vollständig mit Anko-Paste bestreichen. Auf einen Teller legen, mit Frischhaltefolie abdecken und in den Kühlschrank stellen.

2. In einer Schüssel das Klebreismehl und den Zucker vermischen. 150 ml Wasser hinzufügen und gut umrühren. Die Schüssel zudecken.

3. Es gibt zwei Garmethoden:

   1. In der Mikrowelle: 3 Minuten lang bei 500 W erhitzen. Die Schüssel herausnehmen, mit einem angefeuchteten Spatel umrühren und erneut bei 500 W für 1–2 Minuten erhitzen. Herausnehmen und umrühren. Die Masse ist gar, wenn sie leicht durchscheinend ist.

   2. Im Wasserbad: Unter ständigem Rühren die Masse etwa 15 Minuten im Wasserbad erhitzen.

4. Eine saubere Arbeitsfläche mit Kartoffelstärke bestäuben. Den Mochi-Teig darauflegen und in sechs gleich große Portionen teilen und dünn mit Kartoffelstärke bestreuen. Flach drücken, sodass Teigscheiben entstehen.

5. Die Erdbeeren aus dem Kühlschrank nehmen.

6. Die Hände mit Speisestärke bestäuben und die Erdbeeren mit Anko in die Mitte der Teiglinge legen. Den Mochi-Teig um die Erdbeeren herum verschließen, dabei die Ränder gut festdrücken. Mit etwas Kartoffelstärke bestäuben und rund formen.

7. Den Vorgang mit allen Mochi wiederholen. Noch am selben Tag frisch genießen.

KINAKO-EIS

SAISON **SOMMER**
ZUBEREITUNG **1¼–2¼ STUNDEN**
KOCHZEIT **30 MINUTEN**
REZEPT FÜR **1 KG**

KEIN SOMMER OHNE EIS! DIE JAPANISCHEN SOMMER SIND BESONDERS HEISS UND DA DARF EIS NATÜRLICH NICHT FEHLEN. ES GIBT UNZÄHLIGE SORTEN UND IN ALLEN MÖGLICHEN FORMEN: ALS EIS AM STIEL, IM GLAS, IN FORM VON FRÜCHTEN, IN LIMONADENRÖHRCHEN UND SOGAR ALS GESCHABTES EIS, DAS BERÜHMTE *KAKIGŌRI*. BESONDERS BELIEBT SIND DIE SORTEN VANILLE, MATCHA UND SCHOKOLADE. IN DIESEM REZEPT STELLE ICH IHNEN EINE NEUE GESCHMACKSRICHTUNG VOR: KINAKO, GERÖSTETES SOJABOHNENMEHL.

500 g Cashewmus
500 ml Sojamilch
100 g Kinako-Pulver
125 g Zucker
40 g Maisstärke

FÜR DEN SIRUP

25 g Kurozato
(alternativ Muscovado-Zucker aus dem Bioladen)

1. Cashewmus, 400 ml Sojamilch, Kinako und Zucker in einen Topf geben.

2. Unter Rühren auf mittlerer Stufe erhitzen. Die Maisstärke in der restlichen Sojamilch (100 ml) auflösen und in den Topf geben.

3. Mit einem Schneebesen gut verrühren, bis die Mischung eindickt. Vom Herd nehmen und beiseitestellen. Mit einer Frischhaltefolie abdecken und abkühlen lassen.

4. Ist die Mischung vollständig abgekühlt, in die Eismaschine geben.

Zubereitung ohne Eismaschine: Die Mischung ins Gefrierfach stellen. Alle 30 Minuten herausnehmen und mit einem Pürierstab durchmixen, bis das Eis fest, aber dennoch cremig ist.

5. Für den Sirup Kurozato und 25 ml Wasser in einen Topf geben. Zum Kochen bringen, die Hitze reduzieren und dabei mit einem Spatel umrühren. Den Sirup 45 Sekunden einkochen, bis er dickflüssig ist. In einen hitzebeständigen Behälter füllen und vollständig abkühlen lassen.

6. Mit einem Eisportionierer oder einem Eislöffel zwei Kugeln formen und in eine Eisschale geben. Mit der gewünschten Menge Sirup übergießen und servieren.

EIS MIT SCHWARZEM SESAM

SAISON **SOMMER**
ZUBEREITUNG **1¼–2¼ STUNDEN**
KOCHZEIT **30 MINUTEN**
REZEPT FÜR **1 KG**

VIELE JAPANER VERTRAGEN KEINE LAKTOSE, DESHALB IST EIS AUS SOJAMILCH IN JAPAN WEIT VERBREITET. DIE GEHEIMZUTAT FÜR EIN CREMIGES EIS AUF DER BASIS VON PFLANZENMILCH IST SPEISESTÄRKE: IN PFLANZENMILCH EINGERÜHRT UND KURZ ERHITZT, SORGT SIE DAFÜR, DASS DIE MISCHUNG EINDICKT UND DAS EIS SCHÖN CREMIG WIRD.

500 ml Sojamilch
500 g Cashewmus
40 g schwarzes Tahin
125 g Zucker
40 g Maisstärke
1 EL schwarze Sesamsamen

1. In einem Topf 400 ml Sojamilch, Cashewmus, Tahin und Zucker mit einem Stabmixer pürieren.

2. Auf mittlerer Stufe erhitzen, dabei ständig umrühren.

3. Die Stärke in einer Tasse mit den restlichen 100 ml Sojamilch verquirlen, bis sie vollständig aufgelöst ist.

4. In den Topf gießen und sofort mit einem Schneebesen verrühren, bis die Mischung eindickt. Vom Herd nehmen und mit Frischhaltefolie luftdicht abdecken. Beiseitestellen und abkühlen lassen.

5. Wenn die Masse vollständig ausgekühlt ist, Sesamsamen hinzufügen, gut durchmischen und in die Eismaschine geben.

Zubereitung ohne Eismaschine: Die Mischung ins Gefrierfach stellen. Alle 30 Minuten herausnehmen und mit einem Pürierstab durchmixen, bis das Eis fest, aber dennoch cremig ist.

MITARASHI DANGO

SAISON **SOMMER**
ZUBEREITUNG **10 MINUTEN**
KOCHZEIT **5 MINUTEN**
REZEPT FÜR **CA. 10 BÄLLCHEN**

WENIGER BEKANNT ALS DIE GEFÜLLTEN *DAIFUKU* SIND DANGO, ABER AUCH SIE ZÄHLEN ZU DEN KLASSISCHEN SÜSSIGKEITEN AUS MOCHI-TEIG. DIE EINZIGEN ZUTATEN SIND KLEBREISMEHL UND WASSER – EIN SEHR EINFACHES DESSERT FÜR ZU HAUSE, DAS SEHR GUT ZU EINER TASSE GRÜNEM TEE PASST.

100 g Klebreismehl
Mitarashi-Sauce (Rezept S. 16)

1. Mehl und 80 ml Wasser zu einem Teig vermischen, der nicht zu klebrig sein darf.

2. Den Teig zwischen den Handflächen zerteilen und zu Bällchen von etwa 2 cm Durchmesser formen. Die Bällchen werden beim Kochen größer.

3. Einen großen Topf mit Wasser auf den Herd stellen, zum Kochen bringen und die Bällchen hineingeben. Wenn sie an der Oberfläche schwimmen, noch 1–2 Minuten weiter kochen.

4. Eine Schüssel mit kaltem Wasser bereitstellen. Die fertigen Bällchen mit einer Schaumkelle aus dem Kochtopf schöpfen und in der Schüssel mit kaltem Wasser abschrecken.

5. Herausnehmen und 3–4 Dangos auf einen Spieß stecken. Auf Teller legen und mit einem Flambierbrenner kurz anrösten.

6. Die Sauce auf einen flachen Teller gießen und die Spieße darin rollen. Noch heiß servieren.

DORAYAKI

SAISON **HERBST**
ZUBEREITUNG **20 MINUTEN**
RUHEZEIT **10 MINUTEN BIS MEHRERE STUNDEN**
KOCHZEIT **5 MINUTEN**
REZEPT FÜR **6 DORAYAKI**

WENN SIE DEN FILM »KIRSCHBLÜTEN UND ROTE BOHNEN« VON NAOMI KAWASE AUS DEM JAHR 2015 GESEHEN HABEN, WISSEN SIE BESTIMMT, WIE DORAYAKI AUSSEHEN. DIESE ART VON PANCAKES, DIE MIT ANKO GEFÜLLT SIND, WAREN IMMER MEIN LIEBLINGSSNACK NACH DER SCHULE.

DA IM TRADITIONELLEN TEIG EI FÜR DIE FLUFFIGE TEXTUR SORGT, WAR ES EINE HERAUSFORDERUNG, DIESES GEBÄCK VEGAN ZU INTERPRETIEREN. ABER MIT DER RICHTIGEN AUSRÜSTUNG UND DEN RICHTIGEN ZUTATEN KÖNNEN SIE DIESE KÖSTLICHKEIT AUCH ZU HAUSE VEGAN NACHBACKEN!

150 ml Sojamilch
22 ml Ahornsirup
30 ml neutrales Pflanzenöl
4 TL Vanilleextrakt
150 g Mehl (Type 405)
60 g Zucker
9 g Maisstärke
3 g Backpulver
1 TL Salz
6 EL Anko (Rezept S. 32)

1. Milch, Ahornsirup, Öl und Vanilleextrakt in eine Schüssel geben und vermischen.

2. In einer zweiten Schüssel Mehl, Zucker, Maisstärke, Backpulver und Salz vermengen.

3. Die Mehlmischung in die Milchmischung sieben und mit einem Schneebesen gut verrühren. Etwa 10 Minuten ruhen lassen.

4. Eine beschichtete Pfanne erhitzen. Die goldene Bräune der Dorayaki gelingt am besten auf einer Gasflamme. Auf dem Elektroherd ist es etwas schwieriger. Einfach ausprobieren.

5. Die Hitze reduzieren und mit einer Kelle einen Teigkreis in die Pfanne gießen. Wenn sich an der Oberfläche Blasen bilden, den Dorayaki mit einem Pfannenwender umdrehen und von der anderen Seite 1 Minute lang braten. Herausnehmen und auf einem Teller ablegen. Den Vorgang wiederholen, bis der Teig aufgebraucht ist.

6. Die fertigen Dorayaki einige Stunden in einer luftdichten Dose bei Raumtemperatur ruhen lassen. Dieser Schritt ist optional, aber die Ruhezeit verleiht den Dorayaki eine feinere Textur.

7. Zwischen zwei Dorayaki jeweils 1 EL Anko-Paste verteilen und an den Rändern leicht andrücken, um die Pancakes zu verschließen.

YŌKAN

SAISON **HERBST**
ZUBEREITUNG **2½ STUNDEN**
KOCHZEIT **6 MINUTEN**
RUHEZEIT **20 MINUTEN**
KÜHLZEIT **2 STUNDEN**
REZEPT FÜR **CA. 10 STÜCKE**

UNTER DEN TRADITIONELLEN JAPANISCHEN DESSERTS, DIE MAN *WAGASHI* NENNT, IST YŌKAN MEIN FAVORIT. YŌKAN WIRD AUS SÜSSEN KIDNEYBOHNEN ZUBEREITET UND IST EINE ART GELIERTE FRUCHTPASTE. ES GIBT ZWEI VERSIONEN: NERI YŌKAN, MIT EINER FESTEREN TEXTUR, UND MIZU YŌKAN, DAS MEHR WASSER ENTHÄLT UND LEICHTER BRICHT.

TRADITIONELL WIRD *KANTEN*, EIN ÄQUIVALENT VON AGAR-AGAR, VERWENDET, UM DIE BINDUNG ZU ERREICHEN. ICH BEVORZUGE *KANTEN*, ABER MAN BEKOMMT ES NUR IN EINIGEN JAPANISCHEN LEBENSMITTELGESCHÄFTEN UND KANN ES GUT DURCH HERKÖMMLICHES AGAR-AGAR ERSETZEN.

FÜR DIE ANKO-BASIS

5 g Kanten
oder 2,5 g Agar-Agar

250 g Koshi-an (püriertes Anko, Rezept S. 32)

FÜR DAS GELEE

2 g Agar-Agar

100 g Zucker

10 essbare Momiji-Ahornblätter oder andere essbare Blüten

1. Kanten oder Agar-Agar in einen Topf mit 125 ml Wasser geben. Aufkochen und währenddessen gut umrühren.
2. Nach 2 Minuten die Hitze reduzieren und die Anko-Paste hinzugeben. Gut umrühren und vom Herd nehmen.
3. In eine rechteckige Form (etwa 600 ml Fassungsvermögen) füllen und 10 Minuten bei Raumtemperatur abkühlen lassen.
4. Für das Gelee in einem zweiten Topf 200 ml Wasser mit dem Agar-Agar verrühren. Aufkochen und den entstehenden Schaum abschöpfen.
5. Auf mittlerer Stufe 2 Minuten köcheln. Den Zucker hinzufügen und gut umrühren, bis er sich vollständig aufgelöst hat. Schaum auf der Oberfläche noch einmal abschöpfen, 1 Minute köcheln, dann vom Herd nehmen.
6. Gleichmäßig über die Anko-Basis gießen. Die an der Oberfläche entstehenden Bläschen mit einem Zahnstocher anstechen, damit sie zerplatzen.
7. Mit Ahornblättern oder kleinen Blümchen garnieren. Bei Raumtemperatur 10 Minuten stehen lassen.
8. Die Form mit einer Frischhaltefolie überziehen und für mindestens 2 Stunden in den Kühlschrank stellen.
9. In rechteckige Stücke schneiden und gekühlt servieren.

REZEPTÜBERSICHT

GLOSSAR

aburaage: frittierter *tōfu*
aka miso: rotes *miso*
anko: süße Rote-Bohnen-Paste
aonori: Algenflocken
beni shōga: roter eingelegter Ingwer
binchotan: jap. Holzkohle
daifuku: gefüllte Reiskuchen
daikon: Winterrettich, jap. Rettich
dango: Kloß aus Reismehl
dashi: Brühe aus Fischflocken und Seetang (Kombu)
dengaku: mit *miso* bestrichen
donabe: Tontopf
don(buri): jap. Reisgericht
doubanjiang: Chili-Bohnen-Paste
enoki: Speisepilz
eryngii: Speisepilz
famiresu: jap. Familienlokal
fuwafuwa: fluffig
gari: süß-sauer eingelegter Ingwer
gobo: Klettenwurzel
gochujang: rote koreanische Chilipaste
gyōza: gefüllte Teigtaschen
hayashiraisu: Reisgericht mit Rindfleisch in deftiger Soße
ichigo: Erdbeere
inari: frittierte Tofutasche
jagaimo: Kartoffel
jidōhanbaiki: Verkaufsautomat
kabocha: jap. Kürbissorte
kabosu: Zitrusfrucht
kanten: Geliermittel aus Algen
karaage: frittiertes Hähnchen
katakuriko: Kartoffelstärke
katsuobushi: getrockneter Bonito (Fisch)
kikurage: Speisepilz
kimchi: fermentiertes Gemüse (üblicherweise Chinakohl)
kinako: geröstetes Sojabohnenmehl
kirimochi: getrockneter Reiskuchen
koikuchi shōyu: dunkle Sojasauce
kōji: Pilzkultur, die zum Fermentieren genutzt wird
komatsuna: jap. Senfspinat
kombu: Algenart (zur Zubereitung von dashi)
konbini: rund um die Uhr geöffneter Supermarkt
korokke: Krokette
koshi-an: *anko* mit feiner Textur
kurozato: jap. brauner Zucker
kyaraben: Bento mit niedlich geformten Zutaten
maguro: Thunfisch
matsuri: jap. Volksfeste
menma: marinierte fermentierte Bambussprossen
mirin: süßer Reiswein
miso: Würzpaste aus Sojabohnen
mochi: japanische Reiskuchen
nabe(mono): japanischer Eintopf
nameko: Speisepilz
nasu: Aubergine
niku: Fleisch
nikuman: herzhafte Teigtaschen
nori: Algenart
(o)bentō: Lunchbox mit verschiedenen Speisen
okara: Tofubrei; Nebenprodukt bei der Tofuherstellung
okonomiyaki: jap. Pfannkuchen
onigiri: Reisbällchen
panko: jap. Paniermehl
ponzu: Würzsauce
ramen: jap. Nudelsuppe
ramen-ya: *ramen*-Lokal
rayu: Sesam-Chili-Öl
renkon: Lotuswurzel
sake: alk. Getränk aus Reis
sakura: jap. Kirschblüte
sampuru: Nachbildungen von Speisen aus Plastik
sando: Sandwich
sansho: jap. Pfeffer
satsumaimo: jap. Süßkartoffel
shichimi tōgarashi: jap. Gewürzmischung
shiitake: Speisepilz
shimeji: Speisepilz
shiraae: Bohnen-Tofu-Salat
shirataki: Konjak-Nudeln
shiro miso: weißes *miso*
shiru: klare Suppe, Brühe
shōjin ryōri: pflanzliche Küche der Mönche
shōyu: Sojasauce
soba: Buchweizennudeln
soboro: gehackt/feinstückig
sōmen: dünne Nudelsorte
su: Reisessig
sudachi: jap. Zitrusfrucht
sunomono: Eingelegtes
tamago: Ei
tamari: sehr dunkle, würzige Sojasauce
tantanmen: *Ramen* mit Hackfleisch (scharf)
tempura: im Teigmantel frittierte Speisen
tōfu: zu Blöcken gepresster Sojamilchquark
tōmorokoshi: Mais
tsubu-an: *anko* mit grober Textur
tsukemono: eingelegtes Gemüse
udon: dicke Nudelsorte
umami: herzhafter, würziger Geschmack
umeboshi: jap. Salzpflaume
usukuchi shōyu: helle Sojasauce
wagashi: trad. jap. Süßigkeiten
wakame: Algenart
wasabi: jap. Meerrettich
yaki: gegrillt
yatai: mobiler Essensstand
yōshoku: westlich inspirierte Küche
zaru: Bambuskörbchen

DANKSAGUNG

ICH WIDME DIESES BUCH MEINER MUTTER, DIE IMMER EINE INSPIRATIONSQUELLE FÜR MICH WAR.

MEINEM VATER DANKE ICH DAFÜR, DASS ER MICH BEI MEINEN VORHABEN UNTERSTÜTZT HAT.

DANKE AUCH AN VLAD, DEN GRÖSSTEN FAN UND AUSSERGEWÖHNLICHSTEN EHEMANN.

VIELEN DANK AN MARJORIE, MEINE LEKTORIN, UND AN MARIE, OHNE DIE DIESES PROJEKT NICHT ZUSTANDE GEKOMMEN WÄRE.

EIN GROSSES DANKESCHÖN AN SANAE FÜR IHRE ILLUSTRATIONEN, DIE DEM BUCH SEINE SEELE VERLEIHEN, UND AN MANON FÜR DIE WUNDERSCHÖNEN FOTOS.

ICH DANKE AUCH DEM TEAM DES MORI CAFÉ, MIKA, MELISSA UND EMMA, FÜR IHRE HILFE UND IHR ENGAGEMENT IM TÄGLICHEN BETRIEB.

LIEBE LESER:INNEN,

wir freuen uns, dass wir mit diesem Buch Teil Ihrer kulinarischen Reise sein dürfen. Noch mehr Inspiration, köstliche Anregungen und kreative Erlebnisse finden Sie auf unserer Verlagsseite **www.stiebner.com**.

TRETEN SIE MIT UNS IN KONTAKT!

Wir sind immer offen für Ihre Anregungen, Wünsche und Kritik – schreiben Sie uns gerne unter **verlag@stiebner.com**.

Da geteilte Freude bekanntlich doppelte Freude ist: Zeigen Sie uns Ihre kulinarischen Kreationen auf Social Media! Markieren Sie uns mit @stiebnerverlag oder nutzen Sie die folgenden Hashtags: #StiebnerVerlag #StiebnerGenuss #JapanVegan

2. Auflage 2025

Erstmals erschienen auf Französisch unter dem Titel »Japon vegan« bei Éditions Solar

Lothstraße 4, 80335 München | E-Mail: verlag@stiebner.com

Text: Julia Boucachard
Fotografie und Foodstyling: Manon Gouhier
Illustrationen: Sanae Nicolas
Übersetzung aus dem Französischen: Martina Schmid, eurolanguage Fachübersetzungen
Cover: Danai Afrati
Layout: Julia Phillipps, Danai Afrati
Projektleitung und Lektorat: Dr. Verena Stindl
Gedruckt bei Balto Print, Litauen

FSC www.fsc.org MIX Papier | Fördert gute Waldnutzung FSC® C107574

ISBN 978-3-8307-1078-3

Bibliografische Information der Deutschen Nationalbibliothek:
Die Deutsche Nationalbibliothek verzeichnet diese Publikation in der Deutschen Nationalbibliografie; detaillierte bibliografische Daten sind im Internet über http://dnb.dnb.de abrufbar.

www.stiebner.com